VERFÜHRERISCHE INDISCHE KÜCHE

VERFÜHRERISCHE INDISCHE KÜCHE

ORIGINALREZEPTE AUS GANZ INDIEN

Parragon

Bath • New York • Cologne • Melbourne • Delhi
Hong Kong • Shenzhen • Singapore • Amsterdam

This edition published by Parragon Books Ltd

Parragon Books Ltd
Chartist House
15–17 Trim Street
Bath BA1 1HA, UK
www.parragon.com

Neue Rezepte: Sunil Vijayakar
Einführung: Manju Malhi
Rezeptfotografien: Mike Cooper
Ernährungsberatung: Lincoln Jefferson
Layout: Geoff Borin

Parragon Books Ltd
Chartist House
15–17 Trim Street
Bath, BA1 1HA UK
www.parragon.com

Realisation der deutschen Ausgabe: trans texas publishing services GmbH, Köln
Übersetzung: Inga-Brita Thiele, Köln; Jasmin Großmann, Köln
Satz: lesezeichen Verlagsdienste, Köln

ISBN 978-1-4748-0291-8
Printed in China

HINWEIS
Sind Zutaten in Löffeln angegeben, ist immer ein gestrichener Löffel gemeint: Ein Teelöffel entspricht 5 ml, ein Esslöffel 15 ml. Sofern nicht anders angegeben, wird Vollmilch (3,5 % Fett) verwendet. Eier und einzelne Gemüsestücke sind von mittlerer Größe. Pfeffer wird grundsätzlich frisch gemahlen verwendet. Wurzelgemüse sollte vor der Weiterverarbeitung geschält werden.

Bei der Zubereitung von Fleisch und Geflügel sollten Sie ein Fleischthermometer verwenden, um den Gargrad zu testen.

Garnierungen, Dekorationen und Serviervorschläge sind kein fester Bestandteil der Rezepte und daher nicht unbedingt in der Zutatenliste oder Zubereitung aufgeführt. Alle optionalen Zutaten und Gewürze, die nach Belieben oder Geschmack verwendet werden, sind in der Nährwertanalyse nicht berücksichtigt. Die angegebenen Zeiten können von den tatsächlichen abweichen, da je nach Zubereitungsmethode und vorhandenem Herdtyp Schwan-kungen auftreten. Optionale Zutaten, Variationen oder Serviervorschläge sind bei den Zeitangaben nicht berücksichtigt.

Kinder, ältere Menschen, Schwangere, Kranke und Rekonvaleszenten sollten auf Gerichte mit rohen oder nur leicht gegarten Eiern verzichten. Schwangere und stillende Frauen sollten den Verzehr von Erdnüssen oder erdnusshaltigen Zubereitungen vermeiden. Allergiker sollten bedenken, dass in allen in diesem Buch verwendeten Fertigprodukten Spuren von Nüssen enthalten sein könnten. Bitte lesen Sie in jedem Fall zuvor die Verpackungsangaben.

Vegetarier sollten darauf achten, dass einige der Fertigprodukte tierische Produkte enthalten könnten. Bitte lesen Sie in jedem Fall zuvor die Verpackungsangaben.

Bildnachweis:
Der Verlag dankt Getty Images Ltd für die Genehmigung der Abdruckrechte von Fotos der folgenden Seiten:
2, 6, 10–11, 12 (o), 13 (u), 14 (o), 15 (u), 16, 18–19, 24–25, 30 (o, ml & mr), 31, 38–39 (alle), 52 (o & u), 53, 60–61, 74–75 (alle), 90 (o, ul & ur), 91, 98–99, 122, 123, 142–143, 150 (o & u), 151, 164–165, 174 (ol, or & u), 175, 186–187, 198 (ol, or & u), 199 & 210–211.

INHALT

EINFÜHRUNG

In der indischen Küche wird nicht nur gekocht, vielmehr ist sie der Dreh- und Angelpunkt eines jeden indischen Haushalts. Hier hatte seit jeher die Frau das Sagen, die dafür verantwortlich war, dass alles tadellos in Ordnung war. Dieser Raum war ihr Ehrenplatz und über Jahrhunderte hinweg galten hier ausschließlich ihre Regeln.

Traditionell begann der Tag der indischen Hausfrau sehr früh. Vor dem Betreten der Küche nahm sie ein Bad, da dieser Raum als heilig erachtet wurde. Sie sprach ein Gebet zu den Göttern und zündete Weihrauch an, der die frische Morgenluft mit seinem berauschenden Duft erfüllte. Das Wasser wurde über dem Ofen (Chulha) in einem Edelstahlgefäß zum Kochen gebracht. Sie nahm Teeblätter aus einer Kiste, die sie zusammen mit anderen zahllosen Zutaten in ihrer Schatzkammer aufbewahrte. Danach begann die Vorbereitung für die erste Mahlzeit des Tages. Zur Auswahl standen zahlreiche Gerichte – angefangen mit frisch gebackenem Brot über Pfannkuchen bis zu Eiern und indischem Konfekt. Die einzelnen Familienmitglieder frühstückten entweder zu Hause oder nahmen das Essen verpackt mit zur Arbeit oder in die Schule. Dann wurden, abhängig von den saisonalen Zutaten, die weiteren Mahlzeiten des Tages geplant. In Indien kam jeder Mahlzeit eine große Bedeutung zu, weshalb das Mittagessen mit demselben Aufwand und mit ebenso viel Liebe zum Detail vorbereitet wurde, wie auch das Abendessen oder die Teatime – bei der eine Vielfalt an süßen und herzhaften Snacks und Vorspeisen (Namkeen) gereicht wurde. Jedoch war das relativ späte Abendessen die lebendigste Mahlzeit des Tages, bei der die Familie sich austauschte. Das Abendessen konnte aus zwei bis drei Gemüsegerichten und frisch zubereiteten Chapattis und Reis bestehen. Kurz vor dem Schlafengehen tranken sowohl die Kinder als auch die Erwachsenen warme Milch, die mit Zucker und Kardamom aromatisiert war.

Im modernen Indien haben sich Koch- und Essgewohnheiten drastisch verändert, um sich den Bedürfnissen einer schnelllebigen Gesellschaft anzupassen. In den städtischen Regionen der größten Demokratie der Welt leben viele berufstätige Frauen und Männer, die aus Zeitmangel althergebrachte Traditionen außer Acht lassen, um beruflichen Anforderungen gerecht zu werden. Dies hat zu einem veränderten Essensstil und vielen neuen Gerichten geführt, ganz gleich ob zu Hause oder unterwegs.

EINE KURZE GESCHICHTE DER

INDISCHEN KÜCHE

Die indische Küche ist in einer langen kulinarischen Tradition verwurzelt. Für viele ist der Ursprung der indischen Zivilisation so alt wie die Menschheit selbst. Die Indus-Kultur, die bis auf das Jahr 2800 v. Chr. zurückgeht, gilt als eine der ältesten Zivilisationen der Welt und befand sich im Nordwesten des damaligen Indiens, heute Südpakistan. Ein Zentrum der Zivilisation war Mohenjo-Daro, wo unter anderem Tierknochen, Getreide, Hülsenfrüchte und Reis gefunden wurden. Dies beweist, dass damals schon Fleisch gegessen und Ackerbau betrieben wurde. Hülsenfrüchte und Reis waren die Grundnahrungsmittel dieser Kultur. Bei Ausgrabungen fand man auch Vorläufer von Tandoor-Öfen (Lehmöfen), ein Zeichen dafür, dass gebacken wurde. Dass bereits damals ein Austausch zwischen Kulturen stattfand, wird anhand von Fundgegenständen aus dem Nahen Osten belegt. Dies wiederum lässt vermuten, dass auch ein Austausch von Nahrungsmitteln, Samen und Pflanzen vollzogen wurde. Was für die indische Küche sicherlich einer der ersten Einflüsse aus dem Ausland darstellt.

Um 1600 v. Chr. drangen sogenannte Arier aus Zentralasien nach Indien vor. Sie waren ein halbnomadisches Volk, das mit Viehherden umherzog. Im Lauf der Zeit wurden sie sesshaft, und man glaubt, dass sie um 1000 v. Chr. den Grundstein zum Hinduismus legten. Dies führte hin zum hinduistischen Kastensystem, das wiederum unterschiedliche Bräuche und Essgewohnheiten hervorbrachte. Bei dieser starren Hierarchie waren die an der Spitze stehenden Brahmanen oder Priester Vegetarier, während die Kshatriyas oder Krieger sehr wohl Fleisch aßen. Ein halbes Jahrhundert später, mit der Geburt Buddhas, entstand eine neue Religion oder Philosophie, der Buddhismus, gleichzeitig entwickelte sich der Jainismus. Letzterer hatte einen prägenden Einfluss auf die indische Küche. Die Anhänger des Jainismus sind strikt gegen Gewalt, weshalb sie sich nicht nur vegetarisch ernähren, sondern bei der Zubereitung auch auf Zwiebeln, Knoblauch und jegliches Wurzelgemüse verzichten, bei dessen Ernte Insekten oder andere Tiere, die im Erdreich leben, getötet werden könnten.

Den stärksten Einfluss auf die indische Küche hatten die Speisegebote des Islam. Ab ca. 700 n. Chr. versuchten muslimische Herrscher, das Land zu erobern. Um die Wende zum 13. Jahrhundert schließlich etablierten sich dauerhaft muslimische Herrschaftsgebiete, was im 16. Jahrhundert im glanzvollen Mogulreich gipfelte. Die Mogulherrscher blieben bis ins frühe 19. Jahrhundert an der Macht und beeinflussten in dieser langen Periode auch kulinarisch den Subkontinent nachhaltig. Es waren die Künste der Mogulköche, mit denen heute im Allgemeinen die indische Küche in Verbindung gebracht wird. Die Herrscher den sahen Essen als eine Kunstform an, bei der Gerichte mit bis zu 25 Gewürzen sorgfältig zubereitet wurden. Dabei war jedes einzelne nur ein kleiner Teil eines opulenten Festmahls mit unzähligen Gängen. Mit dem Mogulreich kamen Rosenwasser, Nüsse, Trockenfrüchte, Safran, Milchprodukte (Milch, Sahne, Butter und Joghurt) und der Dum-Kochstil nach Indien, bei dem Gerichte bei niedriger Temperatur in einem verschlossenen Kessel gegart werden. Eine der herrschenden Moguldynastien war das Sultan-Geschlecht in Hyderabad im Süden, wo diese Essgewohnheiten sich ausbreiteten und in üppigen Reisgerichten (Biryanis) gipfelten.

Indien ist eines der wenigen Länder der Welt, in dem die Menschen alle religiösen Feste und kulinarischen Traditionen, losgelöst von der Religionszugehörigkeit, zusammen feiern können – zum Beispiel feiern Muslime Diwali (hinduistisches Lichtfest), während Christen am Eid al-Fitr (Fastenbrechen) teilnehmen. Die meisten indischen Feste sind mit einer spezifischen regionalen Küche verknüpft. Obwohl Indien für seine Currys berühmt ist, eint die Inder bei diesen Festen ihre Liebe zu zuckerhaltigen Leckereien und fast alle lassen dabei etwaige Essgebote außer Acht und genießen die Süßigkeiten in vollen Zügen. Viele der Süßspeisen werden mit Nüssen, Reis, Linsen, Weizen, Zucker, Kardamom und Safran zubereitet. Das größte Fest in Indien ist das Diwali das im Oktober oder November stattfindet, und bei dem viele festliche Mogulrezepte zum Einsatz kommen.

Die Küche in der Region Goa im Westen Indiens wurde von der portugiesischen Küche beeinflusst und kennt viele europäische Zutaten. Die Portugiesen, geführt von Vasco da Gama, begannen die Kolonisation Indiens im 15. Jahrhundert und wurden von den Briten abgelöst, die Vorderindien ab dem 18. Jahrhundert beherrschten. Man könnte sagen, dass zu dem Zeitpunkt die britische Liebe zum Curry entflammte und dadurch eine anglo-indischen Küche entstand, die im High tea, einer Raj-Tradition, gipfelte.

Als 1947 die britische Herrschaft über Indien endete, wurde der indische Subkontinent in zwei Länder aufgeteilt – Indien und Pakistan, zu dem damals auch das heutige Bangladesch gehörte. Die daraus resultierenden Flüchtlingsströme innerhalb des Kontinents und die Auswanderungswellen nach Europa, Asien, Afrika und Amerika führten zu einer Verschmelzung der unterschiedlichen Kochstile, die die derzeitige indische Küche ausmacht: von der Mogulküche über anglo-indische Gerichte bis zu modernen Speisen, die von der chinesischen Küche beeinflusst werden.

Viele indische Gerichte entstammen den Prinzipien von Ayurveda – einem ganzheitlichen Ansatz bei Zutaten und Zubereitung, der auf der Balance der sechs Geschmacksrichtungen süß, sauer, salzig, scharf, bitter und beißend beruht.

REGIONALE KÜCHE

NORDEN

Das Lamayuru-Kloster bei Sonnenaufgang, Jammu und Kaschmir

Auf der ganzen Welt findet man auf Speisekarten indischer Restaurants Gerichte aus dem Norden, der Heimat des Tandoor-Ofens und des Tandoori-Kochstils, bei dem Essen in einem Lehmofen unter extrem hohen Temperaturen gegart wird. Die Currys sind überwiegend sämig, reichhaltig und basieren auf cremigen Saucen, die oft mit Brot serviert werden. In den nördlichen Staaten Punjab und Haryana sind Fladenbrot, Parathas (blättriges Brot), Naans (gesäuertes Brot aus dem Tandoor-Ofen) und andere Brote auf Weizenbasis beliebter als Reis. Jedoch liegt der Himalaja nahe an Jammu und Kaschmir und liefert das Wasser um den für den Export bestimmten Basmatireis anzubauen. Aufgrund der sehr heißen Sommer und extrem kalten Winter kann in Nordindien eine große Auswahl an Obst und Gemüse, wie etwa Äpfel aus Himachal Pradesh, Blumenkohl aus Madhya Pradesh sowie Okra, Senf und Spinat, angebaut werden. Der indische Staat Punjab ist bekannt für seine reichhaltigen Gerichte, die mit Milchprodukten, wie Ghee (Butterschmalz), Paneer (Käse), Milch und Sahne sowie Nüssen und getrockneten Früchten, zubereitet werden. Pilaws und Biryanis sind üppige Fleischgerichte, die vom Mogul- und Kashmir-Kochstil geprägt sind.

Beliebte Gerichte aus dem Norden Indiens sind unter anderem Mattar paneer (Erbsen mit Käse), Hähnchen-Tikka, Butter-Hähnchen, Fisch-Amritsari, Kebabs, Samosas und Dhal makhani (gebutterte Linsen). Sie werden vorwiegend mit Kreuzkümmel, Koriander, getrockneten roten Chilis, Kardamom, Zimt, Gewürznelken und der Gewürzmischung Garam Masala zubereitet. Gebraten wird mit Pflanzen- oder Erdnussöl, nur zu speziellen Anlässen wird Ghee (Butterschmalz) verwendet.

Pikantes Kichererbsenfladenbrot (Besan ki roti), S. 193

Im Süden Indiens herrscht feucht-heißes Klima. Die Staaten sind an drei von vier Seiten von Wasser umgeben – vom Arabischen Meer im Westen, vom Golf von Bengalen im Osten und vom Indischen Ozean im Süden. Aufgrund der geografischen Lage stehen Meeresfrüchte weit oben auf der Speisekarte. Da es reichlich Niederschlag gibt, ist das Angebot an frischen Früchten, Gemüse und Reis groß. Die Küchen von Karnataka, Kerala, Tamil Nadu und Andhra Pradesh prägen den Süden. Diese Regionen sind berühmt für ihre Gewürze, darunter schwarzer Pfeffer, Gewürznelken, Kardamom, Ingwer und Zimt. Im Staat Andhra Pradesh ist das Essen sehr stark vom Vermächtnis des Mogulreichs beeinflusst. Hyderabad wurde während des 18. Jahrhunderts, als türkische, arabische und iranische Geschmacksrichtungen dominierten, von der Dynastie der Nizam beherrscht. Dies gipfelte in Gerichten wie dem Hyderabadi biryani (gebackenem Lamm mit Reis) oder Haleem (pikanter Weizenflockenbrei mit gemahlener Minze). Kerala, Land der Kokosnuss, ist auf die Malabari-Küche spezialisiert, in der Meeresfrüchte mit frischen Gewürzen, wie Curryblättern, Senfsamen und Asant mit Tamarinde und Kokos, zu einem üppigen Fisch-Curry verarbeitet werden. Dieses Gebiet ist auch für seine traditionellen, vegetarischen Festmahle (Sadya) bekannt. Ein solches besteht aus gekochtem Reis, serviert mit einer Auswahl an Gemüsebeilagen, Linsen und einer süßen Zubereitung namens Payasam. Rezepte aus Tamil Nadu machen reichlich Gebrauch von Chilis – das Hauptmerkmal des Kochstils Chettinad. Tamil Nadu wird auch für seine Dosas und Idlis gefeiert. Dosas sind herzhafte Pfannkuchen, die aus einem Teig von fermentierten Linsen und Reis hergestellt und üblicherweise mit Sambhar (einem würzigen Gemüse-Linsen-Gericht) und Chutney auf Kokos- und Chilibasis serviert werden. Idlis werden aus denselben Zutaten hergestellt wie Dosas, werden jedoch gedämpft und nicht frittiert. Obwohl Indien einer der größten Teeproduzenten der Welt ist, sind Inder aus dem Süden entschiedene Kaffeetrinker und Mysore-Kaffee ist das Lieblingsgetränk für die „Teezeit".

Hähnchen-Curry südindische Art (Murgh chettinad), S. 129

SÜDEN

Die Backwaters von Kerala

OSTEN

Straßenbahnen, Busse und Verkehr in Kalkutta

Im Osten des Landes fällt der meiste Niederschlag, sodass Reis den Bewohnern der Staaten Westbengalen, Orissa, Sikkim, Nagaland, Assam, Manipur, Arunchal Pradesh, Meghalaya, Mizoram und Tripura als Grundnahrungsmittel dient. Die Küche dieser Regionen ist stark vom chinesischen und mongolischen Kochstil beeinflusst. Hier wird das Dämpfen der Speisen dem Frittieren vorgezogen. Die Einwohner von Westbengalen sind bekanntermaßen Naschkatzen, und die beliebtesten indischen Desserts, die auf Basis von Milchprodukten, Nüssen und Gewürzen hergestellt werden, kommen aus Kalkutta. Nahe der Küstenregion im Osten Indiens wird Fisch in Senföl zubereitet und mit der Gewürzmischung Panch phoran (bengalische Fünf-Gewürze-Mischung) gekocht. Die fünf Gewürze in Panch phoran sind Kreuzkümmelsamen, Zwiebel- oder Schwarzkümmelsamen, Senfsamen, Fenchelsamen und Bockshornkleesamen. Landeinwärts wird im Osten Indiens Rind oder Schwein als nicht vegetarische Kost bevorzugt. Sikkim und die östlich angrenzenden Staaten haben die Esskultur von benachbarten Ländern wie Tibet übernommen. Dazu zählen Thukpa, eine klare Brühe mit Nudeln, und Momo, gedämpfte, mit Hähnchenhackfleisch oder Hammelfleisch gefüllte Teigtaschen, die mittlerweile ein beliebtes Straßenessen sind und mit einem Dip aus roten Chilis serviert werden.

Gedünstete Hähnchen-Teigtaschen (Murgh momo), S. 89

Vegetarische Nudelsuppe (Thukpa), S. 92

Die Ernährung der Westinder ist vorwiegend vegetarisch und durch den Hinduismus geprägt. Die Snacks, auch als Farsan bekannt, sind legendär und bestehen aus einer großen Auswahl an Reis- und Kichererbsenmehlhäppchen, die in ganz Indien verkauft werden. Ähnlich wie Kerala kennt das Gujarat eine eigene Variante der Thali-Platte, wo zehn vegetarische Gerichte auf einer Platte serviert werden. Das Essen aus Rajasthan hat Fleischgerichte wie Laal maas, was wörtlich „rotes Fleisch" bedeutet – dabei verweist die Farbe Rot auf die Menge von Chili, die für dieses Gericht notwendig ist. Das trockene, dürre und wüstenartige Klima von Rajasthan bedingt, dass nur eine relativ kleine Auswahl an Gemüse zur Verfügung steht, das üblicherweise konserviert (Aachar) oder zu Chutney verarbeitet wird, dazu gibt es täglich Linsen. Maharashtra ist der Staat, in dem das Handelszentrum Mumbai liegt. Straßenessen ist gleichbedeutend mit dieser Stadt und Pomfret, ein beliebter Plattfisch mit einem charakteristischen Geschmack, wird auf verschiedene Weise zubereitet. Erdnüsse sowie Kokosnuss sind weit verbreitet und werden großzügig in Currys, Relishes und Süßspeisen verwendet. Der Kochstil von Malvani sowie Konkan vereint Kokosnuss und Fisch und würzt diese Kombination mit sauer schmeckenden, dunkelvioletten Beeren namens Kokum (Mangostan). Goa hat einen üppig grünen Küstenverlauf, deshalb liegt es nahe, dass hier viele Gerichte mit frischem Fisch zubereitet werden. Außerdem schmeckt man den Einfluss der Portugiesen in Gerichten wie Vindaloo (ein scharfes Curry mit Knoblauch und Essig) und Xacuti (einem sämigen Hähnchen-Kokos-Curry mit getrockneten roten Chilis, serviert mit europäischen Brötchen) heraus. Viele Aromen der Goa-Küche sind reichhaltig und pikant und werden in Fleischgerichten verarbeitet, wie etwa die Schweinefleischwurst (Chouricos), die in katholischen Gemeinden gegessen wird.

Pikantes Hähnchen nach Goa-Art, S. 137

WESTEN

Bahnhof Victoria oder Chhatrapati Shivaji, Mumbai

ESSEN AUF INDISCHE ART

Normalerweise gibt es in der indischen Küche nur einen Gang und alle Gerichte werden zusammen serviert – auch Suppen – aber indische Restaurants auf der ganzen Welt unterteilen die Gerichte oft in Vorspeisen, Snacks, Hauptgerichte und Desserts, um die indische Mahlzeit den Essgewohnheiten der westlichen Welt anzupassen. Was viele für indische Vorspeisen oder Appetitanreger halten, wie Samosas und Zwiebel-Bhajis, wird in Indien tatsächlich häufig zum Tee serviert, während Desserts oder süße Speisen bei Festlichkeiten verzehrt werden. Die traditionelle Art, indisches Essen zu servieren, ist auf einem Thali. Dies ist ein großer, tablettähnlicher Edelstahlteller. Auf dem Thali können sich kleine Edelstahlschälchen (Katoris) befinden, die mit verschiedenen Gemüse- und Linsengerichten, wie Relishes, gefüllt sind, während Reis und Brot in der Mitte des Thali platziert werden. Im Westen und Süden Indiens kommt es auch vor, dass die Speisen auf glänzenden, grünen Bananenblättern serviert werden.

Traditionellerweise gibt es kein Besteck und das Essen wird nur mit der rechten Hand gegessen; die linke Hand wird nur für Reinigungszwecke benutzt. Deshalb ist es unbedingt notwendig, sich vor dem Essen die Hände zu waschen. Ein Brotstück oder Roti wird abgebrochen und als Schöpflöffel genutzt, um sich von den Beilagen zu nehmen. Fast jedes Gericht wird mit etwas Reis gereicht. Während eines indischen Essens zu trinken, ist ein ziemlich neues Phänomen und, wie der Reis, sollte auch das Getränk relativ geschmacksneutral sein, wie etwa Wasser. Jedoch werden mittlerweile viele indische Gerichte mit süßen Getränken, wie Rosensirup oder herberen wie Bier serviert. Und obwohl bestimmte Gerbstoffe den Geschmack des indischen Essens beeinflussen können, werden Weine gekeltert, die den Geschmack der Gewürze unterstützen.

Althergebrachtes indisches Kochgeschirr ist zwar schön anzusehen, doch moderne Küchenutensilien sind praktischer und haltbarer. Hier finden Sie eine Liste mit den wichtigsten Utensilien der modernen indischen Küche, mit denen Ihnen authentische indische Gerichte gelingen.

- KARAHI (indischer Wok) oder ein großer Schmortopf zum Frittieren
- TAWA oder ein flaches, schweres Backblech oder eine Pfanne zum Zubereiten von Fladenbroten und Pfannkuchen
- NUDELHOLZ zum Ausrollen von Fladenbrot und anderen Broten
- MESSLÖFFEL zum genauen Abmessen der Gewürze
- WAAGE zum Abwiegen der richtigen Zutatenmengen für Gewürzmischungen
- KLEINE BRATPFANNE mit einem schweren Boden zum Rösten von Gewürzen in kleinen Portionen ohne Fett
- METALLZANGE zum Wenden von Broten und anderen heißen Lebensmitteln
- DAMPFGARER zum Zubereiten südindischer Speisen
- KÜCHENMASCHINE zum Hacken und Mixen der Zutaten
- MÖRSER UND STÖSSEL zum Zerstoßen und Mahlen von Gewürze
- GEWÜRZMÜHLE zum Zubereiten von frischen Gewürzmischungen
- DAMPFKOCHTOPF zum Garen getrockneter Bohnen und Hülsenfrüchte, die sonst Stunden brauchen würden.

DIE WICHTIGSTEN UTENSILIEN IN DER INDISCHEN KÜCHE

DIE WICHTIGSTEN ZUTATEN

Asant
Dieses fein gemahlene Harz heißt nicht umsonst auch „Teufelsdreck“, denn es hat ungegart einen recht abstoßenden Schwefelduft. Asant wird nur in geringen Mengen verwendet und wird als Block oder in Pulverform verkauft.

Bananenblätter
Südindische Mahlzeiten werden oft auf diesen großen, glänzend dunkelgrünen Blättern serviert. Manche Gerichte werden auch vor dem Garen in Bananenblätter eingerollt, um die Aromen zu bewahren.

Basmatireis
Dieser langkörnige, in den Ausläufern des Himalajas angebaute Reis wird wegen seines zarten Dufts und seiner seidenglatten Körner, die beim Kochen nicht verkleben, weltweit hoch geschätzt. Er gilt außerhalb Indiens schon fast als Synonym für indische Kochkunst, dabei werden im Land selbst über 20 Reissorten angebaut und verwendet. Der Basmatireis bleibt oft besonderen Anlässen und Festlichkeiten vorbehalten.

Bockshornklee
Bockshornklee ist ein starkes, aromatisches Kraut, das zwar in Indien und Pakistan angebaut wird, aber eigentlich aus dem Mittelmeerraum stammt. Die frischen Blätter werden wie Spinat gekocht. Sie können aber auch getrocknet werden und in kleineren Mengen benutzt werden, um Fleisch- und Geflügelgerichte zu würzen. Die kleinen, unregelmäßig geformten Bockshornkleesamen haben ein unverwechselbares Aroma und einen kräftigen Geschmack. Sie sind auch gemahlen erhältlich.

Chilipulver
Wenn frische, grüne Chilis reif sind, werden sie tiefrot. Diese werden getrocknet und gemahlen. Halten Sie Ausschau nach leuchtend rotem Kaschmir-Chilipulver, das aus Chilis gemahlen wird, die in der nördlichen Region Kaschmirs angebaut werden.

Chilis, frische
So synonym Chilis mit indischem Essen sind, so sind sie doch relativ neu in der indischen Gewürzauswahl, da sie erst durch die Portugiesen eingeführt wurden. Leider ist es vom Aussehen her sehr schwierig zu sagen, wie scharf eine Chili wirklich ist. Als Faustregel gilt: Die kleinen, dünnen sind scharf, während die großen, fleischigen eher mild sind. Die meiste Schärfe ist in den Samen und Membranen, weshalb man diese am besten entfernen sollte, wenn man ein milderes Aroma wünscht.

Curryblätter
Sie kennzeichnen die südliche Küche und haben einen herausstechenden Geschmack. Sie sind frisch oder getrocknet erhältlich. Die getrocknete Variante kann in einem luftdicht schließenden Behälter aufbewahrt werden, frische Blätter können eingefroren werden und nach Bedarf benutzt werden.

Dhal
Unter Dhal versteht man in Indien sowohl gespaltene getrocknete Linsen, Erbsen und Bohnen

als auch die zahlreichen Gerichte, die mit diesen Zutaten zubereitet werden. Dhals sind täglicher Bestandteil indischer Speisen und bilden die Basis der meisten vegetarischen Gerichte.

Fenchelsamen

Sie haben einen mit Anis vergleichbaren Geschmack. Die Samen variieren farblich von hellgrün über dunkelgrün bis hellbraun und ähneln einem zerfurchten Reiskorn. Fenchelsamen werden in der indischen Küche gern benutzt und sind ein wesentlicher Bestandteil einiger wichtiger Gewürzmischungen (Masalas), wie etwa dem Panch phoran. In Indien werden Fenchelsamen auch nach dem Essen gekaut, um den Atem zu erfrischen.

Garam masala

Das Wort Garam bedeutet „Hitze" und Masala ist der indische Begriff für Gewürzmischung. Die grundlegenden Zutaten sind Zimt, Kardamom, Gewürznelken und schwarzer Pfeffer – eine Mischung, von der man glaubte, dass sie Körperwärme erzeuge. Gemahlenes Garam masala wird üblicherweise gegen Ende der Zubereitung zugefügt, während nicht gemahlenes Garam masala bereits zu Beginn des Kochens ins Öl gegeben wird.

Gewürznelken

Die getrockneten Blütenknospen, die in der indischen Küche häufig im Ganzen oder gemahlen verwendet werden, haben einen starken, aromatischen Geschmack, der aufdringlich sein kann, wenn sie in großen Mengen benutzt und zerkaut werden.

Ghee

Ghee ist die indische Form von Butterschmalz. Der traditionell reichhaltige Geschmack vieler indischer Gerichte, besonders aus den nördlichen Regionen, rührt teilweise daher, dass sie mit Ghee zubereitet werden. Ghee kann bei großer Hitze erwärmt werden, ohne dass es anbrennt. Aber wegen des hohen Cholesteringehalts wird es immer häufiger durch Pflanzenöl ersetzt.

Ingwer

Wie Knoblauch, so trägt auch Ingwer zum authentischen Geschmack der indischen Küche bei. Dieser knotige Wurzelstock verleiht einer Vielzahl an Fleisch-, Geflügel-, Fisch- und vegetarischen Gerichten einen warmen, würzigen Geschmack. Für das beste Geschmacksergebnis kaufen Sie frischen Ingwer mit einer prallen, glatten Schale – eine schrumpelige Schale weist darauf hin, dass das Ingwerstück bereits vertrocknet ist.

Joghurt

Die indische Küche kennt unzählige Verwendungsmöglichkeiten für Naturjoghurt. Er wird als Marinade und Säuerungsmittel sowie als Hauptbestandteil vieler Raitas und mancher Chutneys eingesetzt. Indischer Joghurt, der häufig als Quark bezeichnet wird, wird aus Büffelmilch hergestellt. Naturjoghurt, der aufgeschlagen wird, bis er glatt ist, ist ein guter Ersatz.

Kardamom

Als „Königin der Gewürze" („König" ist der schwarze Pfeffer) gehört grüner Kardamom zu den beliebtesten Würzmitteln der indischen Küche – für herzhafte und süße Speisen ebenso wie für Getränke. Oft gart man die ganzen Kapseln mit, sie sind jedoch nicht zum Verzehr geeignet, weshalb man sie vor dem Servieren entfernen sollte. Schwarzer Kardamom hat ein viel kräftigeres Aroma und wird nur in herzhafte Gerichte gegeben. Kardamompulver ist zwar erhältlich, aber kleine Mengen der Samen zu Hause zu mahlen, ergibt ein besseres Aroma.

Knoblauch

Frischer Knoblauch ist ein wesentlicher Bestandteil der asiatischen Küche. Er wird zerdrückt, fein gehackt oder zu einer Paste verarbeitet verwendet.

Kokosnuss

Die „Frucht der Götter" ist wichtiger Bestandteil von Hindu-Ritualen, aber auch der Küchen in Südindien und Goa. Ihr cremiges weißes Fleisch und das trübe Kokoswasser dienen als Zwischenmahlzeit und als Zutat vieler Gerichte. Kokosmilch kann man herstellen, indem man das Kokosfleisch reibt, püriert und anschließend den Saft auspresst. Es existieren verschiedene Flüssigkeitsgrade – dabei ist die erste Pressung dickflüssiger als die zweite, die man erhält, wenn man die Kokosraspel erneut in Wasser einweicht. Kokoscreme ist reichhaltiger und dickflüssiger als Kokosmilch, die ein höheres Verhältnis von Kokos zu Wasser hat. Beide findet man gebrauchsfertig in Dosen oder Kartonpacks im Handel. Getrocknetes Kokosnussfleisch ist in gepressten Blöcken erhältlich – man schabt die gewünschte Menge ab und löst sie in kochendem Wasser auf.

Koriander
Frische Korianderblätter verleihen Gerichten einen kräftigen, zitronigen Geschmack und setzen Farbakzente. Die runden Samen – mit ihrem süßen, weichen Aroma – schmecken auffallend anders als die frischen Blätter. Sie werden als Samen oder als gemahlenes Pulver verkauft.

Kurkuma
Die hell leuchtende gelbe Farbe vieler indischer Gerichte stammt von der frischen Kurkumaknolle, die frischem Ingwer ähnelt und eine beige-braune Schale und leuchtend gelbes Fleisch hat. Um dieses wichtige Gewürz herzustellen, wird frische Kurkuma getrocknet und gemahlen. Damit das Gericht nicht bitter schmeckt, sollte man sich genau an die vorgegebenen Mengen halten.

Lorbeerblätter
Die in der indischen Küche verwendeten Lorbeerblätter unterscheiden sich von den im Westen benutzten. Asiatische Lorbeerblätter stammen vom Johannisbeerbaum, während die westliche Variante vom Echten Lorbeerbaum stammt. Jedoch kann man die westlichen Lorbeerblätter ebenfalls verwenden, falls die asiatische Variante nicht erhältlich ist.

Mangopulver (Amchoor), getrocknet
Dieses Pulver wird aus unreifen, grünen Mangos hergestellt, die getrocknet und gemahlen werden. Es wird benutzt, um Fleisch zart zu machen und um Gerichten ein säuerliches Aroma zu verleihen.

Minze
Das von den Persern in Indien eingeführte, frisch schmeckende Kraut wird besonders in Nordindien benutzt, um reichhaltige Fleisch- und Geflügelgerichte zu verfeinern. Frische Minze wird auch in vielen Chutneys, Raitas und Getränken benutzt.

Mohnsamen
Schlafmohn, der hauptsächlich in den Tropen angebaut wird, ergibt die besten Mohnsamen. Es gibt zwei Varianten: schwarz oder weiß. Die weißen Samen werden gemahlen und verleihen den Gerichten ein nussiges Aroma. Sie werden auch benutzt, um Saucen zu binden, und als Garnierung für Naan-Brot.

Palmzucker
Dieser dunkle, grobkörnige, nicht raffinierte Zucker, mitunter auch als Jagrezucker bezeichnet, wird aus dem Saft der Kokospalme hergestellt. Üblicherweise erhält man ihn in einem festen Block in Form eines Kegels oder Zylinders.

Panch phoran
Panch phoran ist eine Gewürzmischung, die zu gleichen Teilen aus Bockshornklee-, Fenchel-, Schwarzkümmel-, Kreuzkümmel- und Senfsamen besteht.

Paneer
Millionen indischer Vegetarier decken mit diesem festen, weißen Käse ihren täglichen Eiweißbedarf. Paneer hat einen eher faden Geschmack, nimmt aber Aromen schnell auf. Seine feste Struktur ist ideal zum Grillen und Braten. Frischer Paneer wird in asiatischen Lebensmittelläden verkauft, aber man kann ihn auch einfach zu Hause zubereiten (Rezept S. 28).

Pfefferkörner
Frische grüne Beeren werden in der Sonne getrocknet, um schwarzen Pfeffer zu erhalten. Die grünen Beeren kommen vom Pfefferstrauch, der in den Monsunwäldern im Südwesten Indiens heimisch ist. Schwarze Pfefferkörner kann man gut in einem luftdichten Behälter aufbewahren, gemahlener schwarzer Pfeffer verliert jedoch sehr schnell sein wunderbares Aroma – es ist am besten, Pfefferkörner nach Bedarf zu mahlen.

Rosenwasser
Rosenwasser ist der verdünnte Extrakt einer besonderen Züchtung essbarer Rosen, von denen die

Blüten häufig als Garnierung von Mogulgerichten verwendet werden. Rosensirup, der in Getränken und Desserts benutzt wird, wird aus Rosenwasser, Zucker und Wasser hergestellt.

Safran

Diese dünnen Fäden, aus denen das teuerste Gewürz der Welt besteht, stammen von den getrockneten Blütennarben des Crocus sativus. Er ist so wertvoll, weil die Blütennarben von Hand gepflückt werden und etwa 250 000 Blütennarben nötig sind, um 450 g Safran zu erhalten. Indischer Safran wird in Kaschmir angebaut und verwendet, um vielen indischen Gerichten eine brillante, goldene Farbe sowie ein unverwechselbares, leicht moschusartiges Aroma zu verleihen.

Senföl

Senföl ist, vor allem in der bengalischen Küche, ein beliebtes Speiseöl mit scharfem Aroma. Um es etwas abzumildern, erhitzt man das Öl anfänglich sehr stark und lässt es dann abkühlen, bevor man es erneut erhitzt und weitere Zutaten zugibt.

Senfsamen

Kleine, runde Senfsamen werden in ganz Indien zum Kochen verwendet. Schwarze und braune Samen sind die am weitesten verbreiteten Sorten und austauschbar. Sie verleihen Gerichten ein nussiges Aroma. Weiße Senfsamen werden normalerweise nur zum Einlegen verwendet.

Schwarzkümmelsamen

Diese kleinen, schwarzen Samen sind auch bekannt als schwarze Zwiebel- oder Kalonji-Samen, obwohl sie nichts mit Zwiebeln zu tun haben. Ihr Geschmack ist nussig und pfeffrig. Sie werden ganz verwendet, um Gemüse, Eingelegtes, Brote und Snacks zu würzen.

Tamarinde

Tamarinden ähneln anfänglich Erbsenschoten, aber wenn sie reifen, werden sie braun und haben eine dünne, harte Schale. Das Mark wird getrocknet verkauft und in heißem Wasser eingeweicht, um einen Brei zu erhalten. Alternativ ist gebrauchsfertige Tamarindenpaste erhältlich. Für ihren charakteristischen und ausgeprägten säuerlichen Geschmack geschätzt, wird Tamarinde vielen Fisch- und Gemüsegerichten zugegeben.

Varak-Blätter

Indischen Desserts und Süßigkeiten wird ein besonderer Status zuteil, wenn sie mit essbaren, sehr dünnen Silber- oder Goldblättern (Varak) dekoriert werden.

Zimt

Zimt, eines der ältesten Gewürze, erhält man von der getrockneten, gerollten Rinde einer tropischen Pflanze, die zur Familie der Lorbeergewächse zählt. Es hat einen warmen Geschmack und wird sowohl in herzhaften als auch in süßen Speisen verwendet.

GRUNDREZEPTE

INGWERPASTE

1 große Ingwerwurzel
Pflanzenöl nach Bedarf

1 Den Ingwer mit einem Sparschäler schälen oder mit einem kleinen, scharfen Messer abschaben.

2 Den Ingwer grob hacken und in einem Mixer oder in einer Küchenmaschine pürieren. Dabei nach und nach unter Rühren so viel Öl hinzufügen, dass eine glatte Paste entsteht. In einen dicht schließenden Behälter geben und 6–8 Wochen im Kühlschrank aufbewahren oder in kleinen Portionen einfrieren und bei Bedarf auftauen.

KNOBLAUCHPASTE

6 große Knoblauchknollen
Pflanzenöl nach Bedarf

1 Die Knoblauchzehen schälen – dazu den Knoblauch mit einem großen Messer leicht andrücken und die Schale entfernen.

2 Die Knoblauchzehen in einem Mixer oder in einer Küchenmaschine pürieren. Dabei nach und nach so viel Öl hinzufügen, dass eine glatte Paste entsteht. In einen dicht schließenden Behälter geben und 6–8 Wochen im Kühlschrank aufbewahren oder in kleinen Portionen einfrieren und bei Bedarf auftauen.

GRÜNE CHILIPASTE

1 Handvoll frische grüne Chilis
Pflanzenöl nach Bedarf

1 Die Chilis waschen und abtrocknen. Die Stiele abschneiden, die Chilis grob hacken und die Kerne nach Belieben entfernen.

2 Die Chilis in einem Mixer oder in einer Küchenmaschine pürieren. Dabei nach und nach so viel Öl hinzufügen, dass eine glatte Paste entsteht. In einen dicht schließenden Behälter geben und 6–8 Wochen im Kühlschrank aufbewahren oder in kleinen Portionen einfrieren und bei Bedarf auftauen.

GHEE

250 g Butter

1 Die Butter in einem großen Topf bei mittlerer Hitze zerlassen und köcheln lassen, bis sich an der Oberfläche dicker Schaum bildet.

2 Ohne Deckel 15–20 Minuten weiterköcheln, bis sich der Schaum von der Flüssigkeit trennt. Den Schaum mit einem Schaumlöffel immer wieder abschöpfen. Am Topfboden setzen sich währenddessen die festen Bestandteile ab, wodurch die Flüssigkeit klar und golden wird. Darauf achten, dass die festen Bestandteile nicht anbrennen.

3 Inzwischen ein Sieb auf eine Schüssel setzen und mit einem Stück Musselin auslegen. Die Flüssigkeit langsam durch das Sieb gießen, ohne die festen Bestandteile am Topfboden zu lösen.

4 Das Ghee abkühlen lassen, anschließend in eine kleinere Schüssel geben, abdecken und kalt stellen. Im Kühlschrank bis zu 4 Wochen haltbar.

GARAM MASALA

2 Lorbeerblätter, zerzupft

2 Zimtstangen, halbiert

Samen von 8 grünen Kardamomkapseln

2 EL Kreuzkümmelsamen

1½ EL Koriandersamen

1½ EL schwarze Pfefferkörner

1 TL ganze Gewürznelken

¼ TL gemahlene Gewürznelken

1 Eine Pfanne ohne Fett so stark erhitzen, dass ein Wassertropfen darin nicht sofort verdampft, sondern umhergleitet. Die Hitze auf mittlere Stufe reduzieren, dann Lorbeerblätter, Zimtstangen, Kardamom, Kreuzkümmel, Koriander, Pfefferkörner und ganze Gewürznelken zugeben und unter ständigem Rühren rösten. Wenn die Kreuzkümmelsamen goldbraun sind und zu duften beginnen, die Gewürze sofort aus der Pfanne nehmen und abkühlen lassen.

2 Mit einer Gewürzmühle oder mit einem Mörser die Gewürze zu einem feinen Pulver mahlen. Die gemahlenen Nelken hinzugeben. In einem dicht schließenden Behälter bis zu 2 Monate haltbar.

PANEER

- 2,2 l Milch
- 6 EL Zitronensaft

1 Die Milch in einen großen Topf geben und bei starker Hitze zum Kochen bringen. Den Topf vom Herd nehmen und den Zitronensaft zugeben. Den Topf wieder auf den Herd stellen und bei mittlerer Hitze köcheln lassen, bis sich die Käsemasse von der Molke trennt und die Flüssigkeit klar wird.

2 Den Topf vom Herd nehmen und 1 Stunde stehen lassen, bis die Molke vollständig abgekühlt ist. Inzwischen ein Sieb auf eine Schüssel setzen und mit einem großen Stück Musselintuch auslegen, das bis über den Rand hängt.

3 Die Käsemasse mit der Molke in das Musselintuch gießen, die Enden des Stoffs zusammendrehen und überschüssige Flüssigkeit aus dem Käse pressen.

4 Das Musselintuch mit einem Bindfaden gut verschnüren, sodass der Käse darin zu einer festen Kugel zusammengepresst wird. Die Käsekugel in eine große Schüssel legen und einen Teller auf den Käse setzen. Den Teller mit einer großen Konservendose beschweren und mindestens 12 Stunden in den Kühlschrank stellen. Danach ist der Paneer zu einer schnittfesten Masse gepresst. Er hält sich im Kühlschrank bis zu 3 Tage.

PAO BHAJI MASALA

- 2 EL Koriandersamen
- 1 EL Kreuzkümmelsamen
- 1 TL Fenchelsamen
- 1 Sternanis
- 4 getrocknete rote Chilis
- 6 Gewürznelken
- ¼ TL Kardamomsamen
- 1 Zimtstange
- 1 TL gemahlene Kurkuma
- 1 EL Mangopulver
- 1 EL Garam masala
- 1 TL gemahlener Ingwer

1 Eine beschichtete Pfanne bei mittlerer Stufe erhitzen. Koriander, Kreuzkümmel, Fenchel, Sternanis, Chilis, Gewürznelken, Kardamom und Zimt zugeben und schonend rösten. Gewürze aus der Pfanne nehmen, sobald sie etwas gebräunt sind und sich das Aroma entfaltet. Abkühlen lassen.

2 Mit einer Gewürzmühle oder mit einem Mörser die Gewürze zu einem feinen Pulver mahlen. Die restlichen Zutaten hinzugeben. In einem dicht verschlossenen Behälter bis zu 2 Monate haltbar.

TANDOORI MASALA

2 TL Knoblauchpulver

2 TL gemahlener Ingwer

1 TL gemahlene Gewürznelken

1 TL gemahlene Kardamomsamen

1 TL gemahlener Bockshornklee

1 TL gemahlener Zimt

1 TL Pfeffer

¼ TL geriebene Muskatnuss

1 EL gemahlene Kreuzkümmelsamen

1 EL Cayennepfeffer oder Chilipulver

2 EL gemahlener Koriander

1 Alle Zutaten in einer Schüssel gut vermengen. In einem dicht verschlossenen Behälter bis zu 2 Monate haltbar.

SAMBHAR MASALA

3 getrocknete rote Chilis, entstielt

2 EL Koriandersamen

2 TL Kreuzkümmelsamen

2 TL schwarze Senfkörner

1 TL schwarze Pfefferkörner

1 TL Bockshornkleesamen

3 Gewürznelken

¼ TL gemahlene Kurkuma

½ TL gemahlener Asant

1½ TL Pflanzen- oder Erdnussöl

1½ EL Chana Dhal (halbierte gelbe Linsen)

1 EL Kokosflocken

1½ EL Urid Dhal Chilke (halbierte schwarze Linsen)

1 Für das Sambhar masala einen Kadhai, einen Wok oder eine große Pfanne auf mittlerer Stufe erhitzen. Chilis, Koriander- und Kreuzkümmelsamen, Senf- und Pfefferkörner, Bockshornkleesamen und Gewürznelken unter ständigem Rühren anrösten, bis sie zu duften beginnen und die Samen sich verfärben, aber nicht anbrennen. Kurkuma und Asant unterrühren und die Gewürze sofort in eine Schüssel umfüllen.

2 Die Pfanne zurück auf den Herd stellen und das Öl darin erhitzen. Chana Dhal, Kokosflocken und Urid Dhal Chilke unter Rühren ca. 1 Minute leicht bräunen. Zu den Gewürzen geben. Die Gewürzmischung vollständig abkühlen lassen.

3 Die Mischung in der Gewürzmühle oder im Mörser zu feinem Pulver zermahlen. In einem luftdichten Behälter bis zu zwei Monate haltbar.

KAPITEL 1

RAITAS, CHUTNEYS & PICKLES

Kheera ka raita

GURKEN-RAITA

Diese alltägliche Beilage wird zu fast jedem würzigen Gericht serviert. Die Kombination von cremigem Joghurt und erfrischender Gurke hilft, die Schärfe pikanter Gerichte zu mildern.

FÜR 4 PERSONEN

VORBEREITUNGSZEIT: 15 Minuten

KOCHZEIT: 1–2 Minuten, plus Abkühlzeit

- 1 kleine Gurke
- 1 TL Salz
- 175 g Naturjoghurt
- ¼ TL Zucker
- ¼ TL Salz
- 1 TL Kreuzkümmelsamen
- 10–12 schwarze Pfefferkörner
- ¼ TL Paprikapulver

1. Die Gurke schälen und entkernen. In kleine Stücke schneiden, mit Salz bestreuen und beiseitestellen.

2. Den Joghurt in eine Schüssel geben und mit einer Gabel aufschlagen, bis er glatt ist. Zucker und Salz hinzufügen und gut verrühren.

3. Einen kleinen, schweren Kochtopf auf mittlerer Stufe erhitzen. Wenn der Topf heiß ist, den Herd abschalten und die Kreuzkümmelsamen und Pfefferkörner hineingeben. Unter ständigem Rühren 40–50 Sekunden rösten, bis sie zu duften beginnen. Dann aus dem Topf nehmen, 5 Minuten abkühlen lassen und in einem Mörser zerstoßen.

4. ¼ Teelöffel der Mischung aufheben, den Rest in den Joghurt geben. Die Gurke abspülen, leicht ausdrücken und unter den Joghurt rühren.

5. Das Raita auf einem Servierteller anrichten und mit den restlichen gerösteten Gewürzen und dem Paprikapulver bestreuen.

TIPP

Als Variationsmöglichkeit, können Sie etwas Zitronensaft und -schale hinzufügen oder etwas frische Minze kurz vor dem Servieren darüberstreuen.

Aam aur annanas raita

MANGO-ANANAS-RAITA

Joghurt bzw. Curd, wie man ihn in Indien nennt, ist ein Grundnahrungsmittel in allen Regionen Indiens. Dort wird Joghurt entweder pur oder als Raita mit Gemüse und Früchten verzehrt.

FÜR 4 PERSONEN

VORBEREITUNGSZEIT: 10–15 Minuten

KOCHZEIT: 1–2 Minuten

250 g Naturjoghurt
1 Zwiebel, in feinen Ringen
1 Tomate, fein gehackt
1 frische grüne Chili, fein gehackt
100 g Ananasfruchtfleisch, fein gewürfelt
100 g Mangofruchtfleisch, fein gewürfelt
¼ TL Salz
2 EL Pflanzen- oder Erdnussöl
1 TL schwarze Senfkörner
4 frische Curryblätter

1 Den Joghurt in eine Schüssel geben und mit einer Gabel aufschlagen, bis er glatt ist.

2 Zwiebel, Tomate, Chili, Ananas, Mango und Salz zum Joghurt geben und gut vermengen

3 Das Öl in einer kleinen Pfanne erhitzen, dann Senfkörner und Curryblätter hineingeben. Unter ständigem Rühren einige Sekunden anbraten, bis die Senfkörner zu platzen beginnen.

4 Die Pfanne vom Herd nehmen und den Inhalt über die Joghurtmischung geben. Leicht unterrühren und sofort servieren oder bis zum Verzehr in den Kühlschrank stellen.

TIPP

Im Kühlschrank hält sich das Raita bis zu 2 Tage.

Anaar ka raita

RAITA MIT JOGHURT, GRANATAPFEL UND ERDNUSS

Im Süden Indiens auch als **Pachadi** bekannt, wird diese Beilage meist mit Joghurt, gerösteten Gewürzen und frisch geriebener Kokosnuss zubereitet. Pachadi wird zum Hauptgang gereicht und darf bei einer Sadya, der südindischen vegetarischen Platte, nicht fehlen.

FÜR 4 PERSONEN

VORBEREITUNGSZEIT: 10 Minuten

KOCHZEIT: 4–5 Minuten

- 2 EL Pflanzen- oder Erdnussöl
- 4 Schalotten, fein gehackt
- 2 frische grüne Chilis, fein gehackt
- 2 TL frisch geriebene Ingwerwurzel
- 1 TL schwarze Senfkörner
- 4 frische Curryblätter
- 2 getrocknete rote Chilis, halbiert
- 2 TL Kreuzkümmelsamen
- 225 g Naturjoghurt, verquirlt
- 1 TL Salz
- 4 EL frisch geriebene Kokosnuss
- 2 EL frisch gehackter Koriander
- 2 EL Granatapfelkerne
- 2 EL geröstete Erdnüsse, grob gehackt

1. Das Öl in einer Pfanne erhitzen, die Schalotten hinzugeben und bei niedriger Hitze unter Rühren 3–4 Minuten anbraten.

2. Grüne Chilis, Ingwer, Senfkörner, Curryblätter, rote Chilis und Kreuzkümmel dazugeben. 1 Minute anbraten und dann vom Herd nehmen.

3. Joghurt, Salz, Kokosnuss und Koriander zugeben. Alles gut vermengen und in eine Servierschüssel geben. Granatapfelkerne und Erdnüsse kurz vor dem Servieren darüberstreuen.

1

2

3

1

2

3

Bhindi ka raita

KNUSPRIGES OKRASCHOTEN-RAITA

Dieses köstliche Raita von der Westküste Indiens kühlt den Gaumen. Das ist vor allem angenehm, wenn es zu scharfem Curry oder würzigem, frittiertem Fisch und Reis serviert wird.

FÜR 4 PERSONEN

VORBEREITUNGSZEIT: 10 Minuten

KOCHZEIT: 5–6 Minuten

- 6 EL Pflanzen- oder Erdnussöl
- 200 g Okraschoten, entstielt, in 1 cm große Stücke geschnitten
- 400 g Naturjoghurt
- 1 TL Salz
- 1 TL Zucker
- 1 TL Cayennepfeffer
- ¼ TL gemahlene Kurkuma
- 1 TL schwarze Senfkörner
- 2 EL frisch gehackter Koriander

1 5 Esslöffel Öl in einer großen Pfanne auf mittlerer Stufe erhitzen. Wenn das Öl sehr heiß ist, die Okraschoten hinzugeben und unter gelegentlichem Schwenken 3–4 Minuten braten. Wenn sie gebräunt sind, auf Küchenpapier geben und bis zum Servieren beiseitestellen.

2 Den Joghurt mit Salz und Zucker in einer mittelgroßen Servierschüssel vermengen. Cayennepfeffer und Kurkuma über die Joghurtmischung streuen, aber nicht verrühren.

3 Das restliche Öl in einer kleinen Pfanne stark erhitzen. Wenn das Öl zu rauchen beginnt, die Senfkörner zugeben. Wenn die Senfkörner aufhören zu platzen, das heiße Öl direkt über Cayennepfeffer und Kurkuma geben. (Auf diese Weise werden die Gewürze erhitzt, ohne sie zu verbrennen).

4 Vor dem Servieren die knusprigen Okraschoten auf den Joghurt geben und Koriander darüberstreuen.

TIPP

Lässt man die frisch geschnittenen Okraschoten ein paar Stunden auf Backpapier trocknen, werden sie beim Frittieren besonders knusprig.

WB·04C/1081

Hare dhaniye ki chutney

KORIANDER-CHUTNEY

Dies ist ein erfrischendes Chutney aus rohen Zutaten, wie es in Kerala zu allen Mahlzeiten gereicht wird. Frische Korianderblätter, frische Kokosnuss und scharfe Chili sind typische Zutaten der Region.

FÜR 4 PERSONEN

- 1½ EL Zitronensaft
- 1½ EL kaltes Wasser
- 80 g frische Korianderblätter und -stängel, grob gehackt
- 2 EL frisch gehackte Kokosnuss
- 1 kleine Schalotte, sehr fein gehackt
- ½-cm-Stück frische Ingwerwurzel, gehackt
- 1 frische grüne Chili, entkernt und gehackt
- ½ TL Zucker (oder nach Belieben)
- ½ TL Salz (oder nach Belieben)
- 1 Prise Pfeffer (oder nach Belieben)

VORBEREITUNGSZEIT: 5–10 Minuten

KOCHZEIT: keine

1. Zitronensaft und Wasser in einer kleinen Küchenmaschine mit der Hälfte des Korianders pürieren. Nach und nach den übrigen Koriander zugeben und mitpürieren. Falls keine geeignete Küchenmaschine zur Verfügung steht, kann der Koriander auch portionsweise im Mörser zerkleinert werden.

2. Die übrigen Zutaten zugeben und zerkleinern, bis alles gut vermengt ist. Das Chutney abschmecken. In eine nicht metallene Schüssel geben, abdecken und bis zum Servieren kalt stellen. Das Chutney hält sich im Kühlschrank bis zu 3 Tage.

TIPP

Für ein erfrischendes Koriander-Raita: 300 g Naturjoghurt unter das Chutney rühren und das Ganze vor dem Servieren mind. 1 Stunde kalt stellen.

Mirch aur pyaaz ki chutney

CHILI-ZWIEBEL-CHUTNEY

Ein richtig scharfes, würziges Chutney! Seine Schärfe kann Ihnen die Tränen in die Augen treiben, falls Sie die Chilis nicht entkernen. In Gujarat genießt man es als sommerlichen Snack auf Papadam-Fladen oder Puris.

FÜR 4 PERSONEN

VORBEREITUNGSZEIT: 5–10 Minuten, plus Ruhe- und Kühlzeit

KOCHZEIT: keine

1–2 frische grüne Chilis (nach Belieben entkernt), fein gehackt

1 kleine frische Vogelaugen-Chili (nach Belieben entkernt), fein gehackt

1 EL Weißwein- oder Apfelessig

2 Zwiebeln, fein gehackt

2 EL frisch gepresster Zitronensaft

1 EL Zucker

3 EL frisch gehackte Koriander-, Minze- oder Petersilienblätter bzw. gemischte Kräuter

Salz

1 rote Chili zum Garnieren (siehe Tipp)

1. Die Chilis mit dem Essig in eine kleine nicht metallene Schüssel geben, gut verrühren und dann abgießen. Die Chilis zurück in die Schüssel geben, Zwiebeln, Zitronensaft, Zucker und Kräuter unterrühren und mit Salz abschmecken.

2. Das Chutney 15 Minuten bei Zimmertemperatur durchziehen lassen oder abdecken und kalt stellen. Vor dem Servieren mit der aufgeschnittenen Chili garnieren.

TIPP

Um eine Chiliblume zu machen, Chili von der Spitze zum Ansatz mehrfach aufschneiden, ohne den Stiel zu beschädigen. Danach die Chili 25–30 Minuten in Eiswasser legen.

Imli ki chutney

TAMARINDEN-CHUTNEY

Das frisch-säuerliche Aroma der Tamarinde ist unverwechselbar und verleiht vielen Gerichten aus Südindien ihre typische Geschmacksnote. Diese süßsaure Mischung, die eigentlich eher eine Sauce als ein Chutney ist, darf zu Samosas nicht fehlen.

FÜR 4–6 PERSONEN

VORBEREITUNGSZEIT: 10 Minuten, plus Abkühlzeit

KOCHZEIT: 35 Minuten

- 100 g gepresste Tamarinde, gehackt
- 450 ml Wasser
- ½ frische Vogelaugen-Chili, entkernt und gehackt
- 60 g brauner Zucker (nach Belieben)
- ½ TL Salz

1. Die Tamarinde mit dem Wasser in einen Schmortopf geben und bei starker Hitze zum Kochen bringen. Die Hitze auf die niedrigste Stufe reduzieren und die Mischung unter gelegentlichem Rühren 25 Minuten gut weich köcheln.

2. Die Tamarindenmischung in ein Sieb geben und mit einem Holzlöffel durch das Sieb in einen sauberen Topf streichen.

3. Chili, Zucker und Salz unterrühren und alles noch 10 Minuten köcheln lassen, bis die gewünschte Konsistenz erreicht ist. Etwas abkühlen lassen und dann mit zusätzlichem Zucker bzw. Salz abschmecken.

4. Das Chutney vollständig abkühlen lassen. Gut abgedeckt kann man es bis zu 3 Tage im Kühlschrank aufbewahren oder einfrieren.

Aam ki chutney

MANGO-CHUTNEY

Diese leichte, würzige Version ist viel erfrischender als das dickflüssige, übermäßig gezuckerte Mango-Chutney aus dem Glas. Es bereichert jede indische Mahlzeit um das sonnige Aroma von Goa und Südindien.

FÜR 4–6 PERSONEN

VORBEREITUNGSZEIT: 10 Minuten, plus Abkühlzeit

KOCHZEIT: 20 Minuten

- 1 große Mango von ca. 400 g, geschält, entsteint und fein gehackt
- 2 EL Limettensaft
- 1 EL Pflanzen- oder Erdnussöl
- 2 Schalotten, fein gehackt
- 1 Knoblauchzehe, fein gehackt
- 2 frische grüne Chilis, entkernt und in feinen Ringen
- 1 TL schwarze Senfkörner
- 1 TL Koriandersamen
- 5 EL Palmzucker oder brauner Rohrzucker
- 5 EL Weißweinessig
- 1 TL Salz
- 1 Prise gemahlener Ingwer

1. Die Mango in einer nicht metallenen Schüssel mit dem Limettensaft mischen und beiseitestellen.

2. Das Öl in einer großen Pfanne auf mittlerer Stufe erhitzen. Die Schalotten zugeben und 3 Minuten andünsten. Knoblauch und Chilis zugeben und weitere 2 Minuten mitrühren, bis die Schalotten glasig, aber nicht gebräunt sind. Die Senf- und Koriandersamen zugeben und mitrühren.

3. Die Mango mit Palmzucker, Essig, Salz und Ingwer zugeben und gut unterrühren. Die Hitze auf niedrigste Stufe reduzieren und alles 10 Minuten köcheln lassen, bis die Flüssigkeit eindickt und die Mango weich wird.

4. Vom Herd nehmen und gut abkühlen lassen. Vor dem Servieren 3 Tage in einem luftdicht verschlossenen Behälter kalt stellen.

TIPP

Das Chutney sollte im Kühlschrank gelagert werden. Einmal geöffnet, innerhalb von 1 Woche aufbrauchen.

Nariyal sambal

KOKOSNUSS-SAMBAL

In Kerala gedeihen Kokospalmen in Hülle und Fülle, und Kokos-Chutneys wie dieses bekommt man zu vielen Mahlzeiten. Sie können es auf Papadam-Fladen als Snack oder auch als Beilage zu gegrillten Meeresfrüchten reichen.

FÜR 2–4 PERSONEN

VORBEREITUNGSZEIT: 5–10 Minuten

KOCHZEIT: keine

½ frische Kokosnuss oder 125 g getrocknete Kokosflocken

2 frische grüne Chilis (nach Belieben entkernt), gehackt

2,5-cm-Stück frische Ingwerwurzel, fein gehackt

4 EL frisch gehackter Koriander

2 EL Zitronensaft (nach Belieben)

2 Schalotten, sehr fein gehackt

1 Mit Hammer und Nagel ein Loch in ein Auge der Kokosnuss schlagen, die Flüssigkeit abgießen und aufbewahren. Die Kokosnuss mit dem Hammer aufschlagen, die Hälfte des Fleisches herauslösen und klein hacken.

2 Kokosnuss und Chilis in einer kleinen Küchenmaschine fein hacken. Ingwer, Koriander und Zitronensaft zugeben und mitverarbeiten.

3 Wenn die Mischung zu trocken wirkt, etwa 1 Esslöffel Kokoswasser oder Wasser untermischen. Die Schalotten unterrühren und sofort servieren oder abdecken und kalt stellen.

TIPP

Wird Sambal im Kühlschrank aufbewahrt, bleibt es bis zu 3 Tage frisch.

Cuchumber

TOMATEN-KACHUMBAR

Dieser beliebte Tomaten-Gurken-Salat ist einfach zuzubereiten. Der Salat eignet sich als wohltuende Beilage zu einer ganzen Reihe von Gerichten, wie beispielsweise zu gegrillten Fleischspießen.

FÜR 6 PERSONEN

- 125 ml Limettensaft
- ½ TL Zucker
- 1 Prise Salz
- 6 Tomaten, gehackt
- ½ Gurke, gehackt
- 8 Frühlingszwiebeln, gehackt
- 1 frische grüne Chili, entkernt und gehackt
- 1 EL frisch gehackter Koriander
- 1 EL frisch gehackte Minze

VORBEREITUNGSZEIT: 10–15 Minuten, plus Abkühlzeit

KOCHZEIT: keine

1. Limettensaft mit Zucker und Salz in eine große Schüssel geben und verrühren, bis der Zucker vollständig aufgelöst ist.

2. Tomaten, Gurke, Frühlingszwiebeln, Chili, Koriander und Minze zufügen und gut vermengen.

3. Abdecken und mindestens 30 Minuten im Kühlschrank ruhen lassen. Den Salat vor dem Servieren schwenken.

TIPP

Den Salat am besten am Tag der Zubereitung verzehren, bevor er durchweicht. Anstatt des Limettensafts kann auch Zitronensaft verwendet werden.

Nimbu ka aachar

EINGELEGTE LIMETTEN

Durch die groben Limettenstücke und die köstlichen Gewürze ist diese würzigscharf eingelegte Beilage der ideale Begleiter für viele Gerichte. Sie ist leicht zuzubereiten, aber man braucht Zeit und Geduld – man muss 1 Monat im Voraus mit der Zubereitung beginnen, wenn man die Limetten zu einem bestimmten Anlass servieren will.

FÜR 4–6 PERSONEN

VORBEREITUNGSZEIT: 10 Minuten, plus Marinierzeit

KOCHZEIT: 5 Minuten

12 Limetten, halbiert und entkernt
120 g Salz
70 g Chilipulver
25 g Senfpulver
25 g gemahlener Bockshornklee
1 EL gemahlene Kurkuma
300 ml Senföl
15 g gelbe Senfkörner, zerstoßen
½ TL Asant

1 Die Limettenhälften in Spalten schneiden. Dann in ein großes sterilisiertes Einmachglas geben und das Salz darüberstreuen. Gefäß abdecken und 10–14 Tage an einem warmen Ort stehen lassen, bis die Limetten weich und bräunlich geworden sind.

2 In einer kleinen Schüssel Chilipulver, Senfpulver, Bockshornklee und Kurkuma vermengen und zu den Limetten geben. Umrühren und 2 Tage stehen lassen.

3 Die Limettenmischung in eine hitzebeständige Schüssel geben. Das Senföl in einer Pfanne erhitzen. Senfkörner und Asant hineingeben und unter ständigem Rühren anbraten, bis das Öl sehr heiß ist und gerade zu rauchen beginnt.

4 Öl und Gewürze über die Limetten geben und gut vermengen. Abdecken und abkühlen lassen. Wenn sie abgekühlt sind, in ein sterilisiertes Einmachglas geben, luftdicht verschließen und 1 Woche an einem warmen Platz lagern (am besten auf einer sonnigen Fensterbank), bevor man sie serviert.

Hari mirchi aachar

EINGELEGTE GRÜNE CHILIS

Diese eingelegten Chilis eignen sich hervorragend, um einem Gericht mehr Schärfe zu verleihen. Indische Gerichte werden üblicherweise mit verschiedenen Gewürzen und Beilagen serviert, wobei Essiggurken am häufigsten sind. Dies ist ein klassisches würzigscharfes Rezept – nichts für schwache Nerven.

FÜR 4–6 PERSONEN

VORBEREITUNGSZEIT: 30 Minuten

KOCHZEIT: 2–3 Minuten

- 20 frische grüne Chilis
- 3 EL gemahlener Koriander
- 1–1½ EL Fenchelsamen
- 1 TL Bockshornkleesamen
- 1 TL schwarze Senfkörner
- 1 Prise Asant
- 3 TL Salz
- 1 TL Amchoor (getrocknetes Mangopulver)
- ½ TL gemahlene Kurkuma
- 4 EL Senföl
- 2 EL Weißweinessig

1 Die Chilis waschen und abtrocknen, jede einmal längs aufschlitzen.

2 Koriander, Fenchel- und Bockshornkleesamen sowie Senfkörner in eine Gewürzmühle geben und grob mahlen, dann in eine Schüssel geben.

3 Asant, Salz, Amchoor und Kurkuma zur Schüssel zufügen und gut vermengen.

4 Das Öl in einer Pfanne erhitzen und die Gewürzmischung zugeben. Unter ständigem Rühren 1 Minute anbraten und vom Herd nehmen. Weißweinessig zugießen und verrühren.

5 Die Chilis mit der Gewürzmischung füllen und in ein großes, sterilisiertes Einmachglas geben. Luftdicht verschließen und vor der Verwendung bis zu 2 Tage an einem warmen Ort (vorzugsweise auf einer sonnigen Fensterbank) lagern. So eingelegt, können die Chilis bis zu 1 Monat im Kühlschrank frisch gehalten werden.

1

4

5

KAPITEL 2

SNACKS & VORSPEISEN

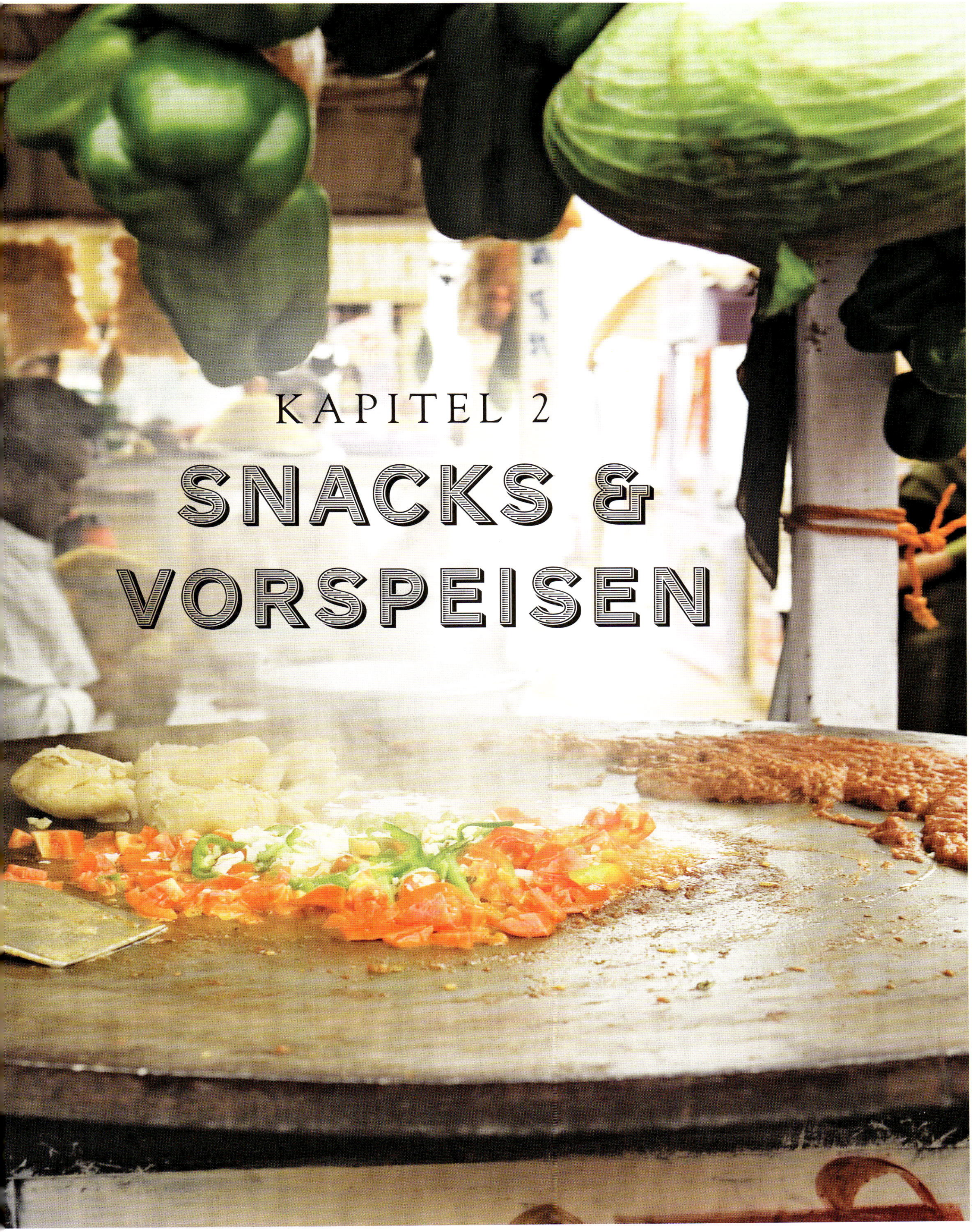

1

2

4

Aloo mattar samosa

VEGETARISCHE SAMOSAS

Man braucht etwas Übung und Geduld für die Herstellung dieser dreieckigen Teigtaschen, aber Sie werden bald den richtigen Dreh heraushaben. Für eine Fleischfüllung können Sie Keema mattar (s. S. 140) ausprobieren. Lassen Sie die Mischung vor dem Füllen so lange köcheln, bis sie recht trocken ist.

ERGIBT 14 STÜCK

VORBEREITUNGSZEIT: 40–45 Minuten, plus Ruhezeit

KOCHZEIT: 1 Stunde

250 g Mehl

½ TL Salz

40 g Ghee oder Butter, zerlassen, plus etwas mehr zum Einfetten

½ EL Zitronensaft

100–125 ml kaltes Wasser

Pflanzen- oder Erdnussöl, zum Frittieren

FÜLLUNG

60 g Ghee oder 4 EL Pflanzen- oder Erdnussöl

1 Zwiebel, sehr fein gehackt

2 Knoblauchzehen, zerdrückt

1 Kartoffel, sehr fein gewürfelt

2 Karotten, sehr fein gehackt

2 TL mildes, mittelscharfes oder scharfes Currypulver (nach Belieben)

1½ TL gemahlener Koriander

1 TL gemahlene Kurkuma

1 frische grüne Chili, entkernt und fein gehackt

1 TL Salz

½ TL schwarze Senfkörner

300 ml kaltes Wasser

100 g Erbsen, Tiefkühlware aufgetaut

60 g kleine Blumenkohlröschen

Pflanzen- oder Erdnussöl, zum Frittieren

frische Korianderblätter, zum Garnieren

1 Für die Füllung das Ghee in einer großen Pfanne bei mittlerer Hitze zerlassen. Zwiebel und Knoblauch darin 5–8 Minuten weich dünsten. Kartoffel und Karotten hinzufügen und unter gelegentlichem Rühren 5 Minuten mitbraten. Currypulver, Koriander, Kurkuma, Chili, Salz und Senfkörner unterrühren. Das Wasser zugießen und aufkochen. Die Hitze reduzieren und 15 Minuten köcheln lassen, gelegentlich umrühren. Erbsen und Blumenkohl zugeben und weiterköcheln, bis das Gemüse weich ist und die Flüssigkeit eingekocht ist. Vom Herd nehmen und beiseitestellen.

2 Für den Teig Mehl und Salz in eine Schüssel sieben, Ghee und Zitronensaft hineingeben und mit den Fingerspitzen einarbeiten. Nach und nach das Wasser zugeben, bis ein weicher Teig entsteht. Den Teig auf die Arbeitsfläche geben und 10 Minuten kneten, bis er glatt ist. Zu einer Kugel formen, mit einem feuchten Geschirrtuch abdecken und 15 Minuten ruhen lassen.

3 Den Teig in sieben Portionen teilen. Je eine Portion ausrollen und den restlichen Teig mit einem Tuch abdecken. Die erste Portion auf der leicht gefetteten Arbeitsfläche zu einem runden Fladen von 20 cm Ø ausrollen, dann in der Mitte durchschneiden.

4 Die Ränder des ersten halben Fladens mit Wasser befeuchten. 2 Teelöffel Füllung neben der Mitte auf den Teig geben. Eine Teigseite über die Füllung klappen, dann die andere überlappend darüber klappen, sodass eine spitze Tüte entsteht. Das offene Ende mit Wasser befeuchten und zudrücken.

5 In einem Schmortopf oder einer Fritteuse ausreichend Öl auf 180 °C erhitzen (ein Brotwürfel bräunt darin innerhalb von 30 Sekunden). Die Samosas portionsweise 2–3 Minuten goldbraun ausbacken, dabei ggf. einmal wenden. Mit einem Schaumlöffel herausnehmen und gut auf Küchenpapier abtropfen lassen. Heiß oder bei Zimmertemperatur mit Koriander garniert servieren.

Kele ke chips

KOCHBANANEN-CHIPS

Diese Leckerbissen schmecken so gut, dass Sie reichlich davon zubereiten sollten. Am leckersten sind sie frisch aus der Pfanne. In Kerala werden unreife grüne Bananen frittiert und vor dem Servieren mit Salz bestreut.

FÜR 4 PERSONEN

- 4 reife Kochbananen
- 1 TL mildes, mittelscharfes oder scharfes Currypulver (nach Belieben)
- Pflanzen- oder Erdnussöl, zum Frittieren
- Chutney, zum Servieren

VORBEREITUNGSZEIT: 10 Minuten

KOCHZEIT: 10–12 Minuten

1 Die Kochbananen schälen und schräg in 3 mm dicke Scheiben schneiden. Die Scheiben in eine Schüssel geben, mit dem Currypulver bestreuen und vorsichtig darin wenden.

2 Das Öl zum Frittieren in einem Schmortopf oder einer Fritteuse auf 180 °C erhitzen (ein Brotwürfel bräunt darin in 30 Sekunden). Die Bananenscheiben portionsweise ins heiße Öl geben und 2 Minuten frittieren, bis sie goldbraun sind.

3 Die Bananenchips mit einem Schaumlöffel aus dem Öl nehmen und auf Küchenpapier abtropfen lassen. Heiß mit Chutney servieren.

TIPP

Sie können statt der Kochbananen auch normale Bananen nehmen, die dann etwas kürzer frittiert werden und süßer schmecken.

Batata vadas

FRITTIERTE KARTOFFELBÄLLCHEN

Diese herzhaften Kartoffelbällchen werden in ganz Indien als Snack oder als Teil eines Hauptgerichts gegessen. Gewürfelte, gekochte Kartoffeln werden mit verschiedenen Zutaten kombiniert, zu Kugeln geformt und frittiert.

FÜR 4 PERSONEN

VORBEREITUNGSZEIT: 15–20 Minuten

KOCHZEIT: 15–20 Minuten

- 450 g Kartoffeln, gekocht und gewürfelt
- 1 Zwiebel, gehackt
- 2,5-cm-Stück Ingwerwurzel, fein gehackt
- 1 frische grüne Chili, entkernt und fein gehackt
- 1 EL frisch gehackter Koriander
- 1 EL Zitronensaft
- 2 TL Amchoor (getrocknetes Mangopulver)
- Salz
- Pflanzen- oder Erdnussöl, zum Frittieren
- Chutney, zum Servieren

TEIG

- 120 g Kichererbsenmehl
- ¼ TL Backpulver
- ¼ Chilipulver
- 1 Prise Salz
- ca. 150 ml kaltes Wasser

1. Für den Teig das Mehl in eine Schüssel sieben und Backpulver, Chilipulver und Salz zufügen. Nach und nach Wasser zugießen, bis ein glatter Teig entsteht. Mit Frischhaltefolie abdecken und beiseitestellen.

2. Kartoffeln, Zwiebel, Ingwer, Chili, Koriander, Zitronensaft und Mangopulver in eine separate Schüssel geben. Mit einem Holzlöffel sorgfältig vermengen, dabei die Kartoffeln grob zerdrücken. Mit Salz abschmecken. Kleine Mengen der Mischung mit den Handflächen zu Kugeln formen.

3. Zum Frittieren genug Öl in einem großen Topf oder einer Fritteuse auf 180 °C erhitzen (ein Brotwürfel bräunt darin in 30 Sekunden). Die Kartoffelbällchen mit einer Gabel im Teig wenden und portionsweise ins heiße Öl geben. 3–4 Minuten frittieren, bis sie goldbraun sind. Mit einem Schaumlöffel herausnehmen und auf Küchenpapier abtropfen lassen. Mit Chutney heiß servieren.

TIPP

Wenn man die gekochten Kartoffeln erst abkühlen lässt, bevor man sie mit den anderen Zutaten vermengt, erhält man festere Bällchen.

Mirchi pakora

GEFÜLLTE CHILI-BHAJIS

In Telagu ist dieser mit einer Kartoffel-Gewürz-Mischung gefüllte Snack auch als Mirapakaya Bajjilu oder Bajji bekannt. Es ist eine Spezialität aus Andhra Pradesh in Zentralindien und ein klassisches Straßenessen. Sie können es einfach mit Ihrem Lieblingschutney oder etwas Naturjoghurt servieren.

ERGIBT 8 STÜCK

VORBEREITUNGSZEIT: 20 Minuten, plus Einweichzeit

KOCHZEIT: 10 Minuten

8 große, milde grüne Chilis
Pflanzen- oder Erdnussöl, zum Frittieren

TEIG

250 g Kichererbsenmehl
125 g Reismehl
½ TL Backpulver
1 TL gemahlener Kreuzkümmel
2 TL Salz
1 TL Chilipulver
ca. 700 ml kaltes Wasser

FÜLLUNG

2 EL Pflanzen- oder Erdnussöl
2 TL schwarze Senfkörner
1 TL Fenchelsamen
1 TL Kreuzkümmelsamen
1 Kartoffel, geschält, gekocht und gestampft
3 EL fein gehackter frischer Koriander
1 TL Salz
½ TL Tamarindenpaste
1 EL geröstete Erdnüsse, grob gehackt

1 Die Chilis einmal längs einschneiden und alle Samen mit einem Teelöffel entfernen. Die Chilis in kochend heißem Wasser 5 Minuten einweichen. Auf Küchenpapier abtropfen lassen und beiseitestellen.

2 Die Zutaten für den Teig mit so viel Wasser verrühren, dass ein dickflüssiger Teig entsteht. Er sollte etwa die Konsistenz von fester Schlagsahne haben. Beiseitestellen.

3 Für die Füllung Öl in einer Pfanne erhitzen. Senfkörner sowie Fenchel- und Kreuzkümmelsamen zugeben. Wenn die Samen beginnen zu platzen, Kartoffel, Koriander und Salz zugeben und gut vermengen. Tamarindenpaste zufügen und die Erdnüsse darübergeben. Vom Herd nehmen und zerdrücken, bis alles gleichmäßig vermengt ist.

4 Die Chilis mit den Händen mit der Kartoffelmischung füllen.

5 Zum Frittieren genug Öl in einem großen Topf oder einer Fritteuse auf 180 °C erhitzen (ein Brotwürfel bräunt darin in 30 Sekunden). Die gefüllten Chilis mit einer Gabel im Teig wenden und portionsweise 2–3 Minuten frittieren, bis sie goldbraun sind. Mit einem Schaumlöffel herausnehmen und auf Küchenpapier abtropfen lassen. Warm servieren.

TIPP

Für eine einfachere Version des Gerichts die Füllung weglassen und die vorbereiteten Chilis im Teig wenden und frittieren.

खान
KHAN

किट
ARKET

Khandvi

PIKANTE KICHERERBSENRÖLLCHEN

Die Zubereitung dieser köstlichen, mild gewürzten Kichererbsenröllchen aus Gujarat erinnert etwas an die Zubereitung von Pasta. Es ist fast schon eine Kunst, Khandvi zu machen. Deshalb kann es ein paar Versuche benötigen, um perfekt aussehende Teigröllchen herzustellen. Der Geschmack wird dennoch großartig sein.

ERGIBT 24 STÜCK

VORBEREITUNGSZEIT:
15–20 Minuten

KOCHZEIT:
20 Minuten, plus Ruhezeit

- Pflanzen- oder Erdnussöl, zum Einfetten
- 250 g Kichererbsenmehl, gesiebt
- 100 g Naturjoghurt
- 600 ml warmes Wasser
- 2 TL Salz
- ¼ TL gemahlene Kurkuma
- 2 TL frisch geriebene Ingwerwurzel
- 2 Knoblauchzehen, zerdrückt
- 4 TL grüne Chilipaste (s. S. 26)

GARNIERUNG

- 6 EL Pflanzen- oder Erdnussöl
- 1 TL Sesamsaat
- 1 TL schwarze Senfkörner
- 4 EL frisch gehackter Koriander
- 2 TL frisch gehackte Kokosnuss

1. Vier große Backbleche leicht einfetten und beiseitestellen.

2. Kichererbsenmehl, Joghurt, Wasser, Salz, Kurkuma, Ingwer, Knoblauch und Chilipaste in einen Schmortopf geben. Verquirlen, bis eine glatte Masse entsteht, dann unter ständigem Rühren auf mittlerer Stufe erhitzen. Wenn der Teig nach 5–6 Minuten beginnt einzudicken, die Hitze auf die niedrigste Stufe reduzieren, abdecken und 4–5 Minuten köcheln lassen. Umrühren, wieder abdecken und weitere 2–3 Minuten köcheln, bis der Teig dick und geschmeidig ist.

3. Den Topf vom Herd nehmen und den Teig auf die vorbereiteten Backbleche geben. Mit einem Palettenmesser so dünn wie möglich verteilen. Beim Abkühlen beginnt er, fest zu werden. 5 Minuten stehen lassen, dann der Länge nach in 5 cm breite Streifen schneiden, sodass sich ca. 24 Rollen ergeben.

4. Jeweils am Ende des Streifens mit dem Palettenmesser ansetzen um den Teig anzuheben und anschließend aufrollen (wie eine kleine Biskuitrolle). Wiederholen, bis alle Streifen aufgerollt sind. Anschließend die Teigröllchen auf eine Servierplatte geben.

5. Inzwischen die Garnierung vorbereiten. Öl in einer Pfanne erhitzen und Sesamsaat und Senfkörner hineingeben. Anbraten, bis sie platzen, dann den Topf vom Herd nehmen. Die Kichererbsenröllchen mit diesem Öl beträufeln und Koriander und Kokosnussflocken darüberstreuen. Heiß oder bei Zimmertemperatur servieren.

2

3

5

1

2

3

Sabudana aloo wada

TAPIOKA-KARTOFFELKÜCHLEIN

Diese herzhaften Tapioka-Kartoffelküchlein aus dem Westen und Süden Indiens werden üblicherweise als Snack mit Masala Chai (Tee) serviert. Tapioka-Perlen werden aus dem Stärkeextrakt der Cassavawurzel hergestellt. Sie sind in verschiedenen Größen in asiatischen Lebensmittelmärkten erhältlich.

FÜR 15–20 STÜCK

2 Kartoffeln, geschält und grob gehackt
200 g mittelgroße Tapioka-Perlen
250 ml kaltes Wasser
2 frische rote Chilis, fein gehackt
1 TL Kreuzkümmelsamen
1 TL Salz
4 EL fein gehackter frischer Koriander
Pflanzen- oder Erdnussöl, zum Frittieren

VORBEREITUNGSZEIT: 10–15 Minuten, plus Einweichzeit

KOCHZEIT: 25–30 Minuten

1 Die Kartoffeln in einen Topf mit kochendem Wasser geben. 12–15 Minuten kochen, bis sie gerade gar sind. Gründlich abtropfen lassen und in eine Schüssel geben.

2 Die Tapioka-Perlen in eine Schüssel geben und das Wasser zugießen. 12–15 Minuten einweichen, bis das Wasser vollständig aufgesogen wurde und die Tapioka-Perlen aufgequollen sind. In ein Sieb geben und überschüssiges Wasser abtropfen lassen.

3 Chilis, Kreuzkümmelsamen, Salz und Koriander zu den Kartoffeln geben und pürieren, bis die Masse relativ glatt ist. Die Tapioka-Perlen hinzufügen und gut vermengen. Mit nassen Händen aus der Mischung 15–20 walnussgroße Kugeln formen. Diese flach drücken, um sie zu Küchlein zu formen.

4 Zum Frittieren genug Öl in einem großen Topf oder einer Fritteuse auf 180 °C erhitzen (ein Brotwürfel bräunt darin in 30 Sekunden). Die Tapioka-Kartoffelküchlein portionsweise 3–4 Minuten frittieren, bis sie goldbraun sind. Mit einem Schaumlöffel herausnehmen und auf einem Küchenpapier abtropfen lassen. Warm servieren.

TIPP

Die Mischung für diese köstlichen Küchlein kann bis zu 1 Tag im Voraus vorbereitet, zu Küchlein geformt und zugedeckt im Kühlschrank aufbewahrt werden.

Paneer tikka

PANEER TIKKA

Für viele Millionen Vegetarier in Indien ist der Paneer, ein fester weißer Frischkäse, der wichtigste Lieferant für tierisches Eiweiß. Er hat wenig Eigengeschmack, weshalb man ihn mit einer gewürzten Paste zubereitet.

FÜR 4 PERSONEN

350 g Paneer, in 16 Würfel geschnitten
Pflanzen- bzw. Erdnussöl, zum Einfetten
1 TL Garam masala
frische Korianderblätter, zum Garnieren

TIKKA-PASTE

10 schwarze Pfefferkörner
6 Gewürznelken
Samen aus 4 grünen Kardamomkapseln
1 TL Kreuzkümmelsamen
1 TL Koriandersamen
½ TL Mohnsamen
½ TL Chilipulver
½ TL gemahlene Kurkuma
1 EL Knoblauchpaste
1 EL Ingwerpaste
½ kleine Zwiebel, gehackt
150 g Naturjoghurt
½ EL Tomatenmark
1 EL Kichererbsenmehl (Besanmehl)
1 EL Pflanzen- oder Erdnussöl

VORBEREITUNGSZEIT: 15–20 Minuten

KOCHZEIT: 15–20 Minuten

1 Für die Tikka-Paste Pfefferkörner, Gewürznelken, Kardamom-, Kreuzkümmel-, Koriander- und Mohnsamen in einer Pfanne bei starker Hitze unter ständigem Rühren erhitzen, bis sie zu duften beginnen. Dann sofort aus der Pfanne nehmen, damit sie nicht anbrennen.

2 Die Gewürze in einer Gewürzmühle oder einem Mörser mit Chilipulver und Kurkuma zu feinem Pulver zermahlen. Knoblauch- und Ingwerpaste sowie Zwiebel hinzugeben und alles zu einer glatten Paste verarbeiten. Diese Paste in einer großen Schüssel mit Joghurt, Tomatenmark, Kichererbsenmehl und Öl vermengen.

3 Den Paneer in die Schüssel geben und mit den Händen vorsichtig in der Paste wenden. Bei Zimmertemperatur 30 Minuten ziehen lassen oder mit Frischhaltefolie abdecken und bis zu 24 Stunden kalt stellen.

4 Den Backofengrill vorheizen. Falls der Paneer gekühlt wurde, 15 Minuten vor dem Grillen aus dem Kühlschrank nehmen. Vier Metallspieße leicht einölen. Den Paneer abtropfen lassen und auf die Spieße stecken; dabei etwas Platz zwischen den Würfeln lassen.

5 Die Spieße auf der obersten Schiene unter dem vorgeheizten Backofengrill 12–15 Minuten grillen, bis die Käsewürfel knusprig gebräunt sind. Dabei einmal wenden und mit der restlichen Tikka-Paste bestreichen.

6 Vor dem Servieren, die Spieße mit Garam masala bestreuen und mit Koriander garnieren.

Gobhi ka pakora

GOLDGELBE BLUMENKOHLKRAPFEN

Diese knusprig frittierten Pakoras bestehen aus Blumenkohlröschen, die in einem würzigen Teig gewendet werden. Mit Chutney serviert sind sie lecker als Snack oder als Beilage.

FÜR 4 PERSONEN

VORBEREITUNGSZEIT: 10–15 Minuten, plus Ruhezeit

KOCHZEIT: 20–25 Minuten

Pflanzen- oder Erdnussöl, zum Frittieren
400 g Blumenkohlröschen
Chutney, zum Servieren

TEIG

140 g Kichererbsenmehl
2 TL gemahlener Koriander
1 TL Garam masala
1 TL Salz
½ TL gemahlene Kurkuma
1 Prise Chilipulver
15 g Ghee, zerlassen, oder 1 EL Pflanzen- oder Erdnussöl
1 TL Zitronensaft
150 ml kaltes Wasser
2 TL Schwarzkümmelsamen

1 Für den Teig Kichererbsenmehl, Koriander, Garam masala, Salz, Kurkuma und Chilipulver in einer großen Schüssel verrühren. Eine Mulde in die Mitte drücken, Ghee, Zitronensaft und 2 Esslöffel Wasser hineingeben und alles zu einem dicken Teig verrühren. Mit einem elektrischen Handrührgerät oder einem Schneebesen nach und nach so viel von dem übrigen Wasser unterrühren, dass ein glatter Teig von der Konsistenz dickflüssiger Sahne entsteht. Die Schwarzkümmelsamen unterrühren. Die Schüssel abdecken und den Teig mindestens 30 Minuten ruhen lassen.

2 Das Öl zum Frittieren in einem großen Schmortopf oder einer Fritteuse auf 180 °C erhitzen (ein Brotwürfel bräunt darin in 30 Sekunden). Ein Blumenkohlröschen in den Teig tauchen, überschüssigen Teig in die Schüssel abtropfen lassen und das Röschen ins heiße Öl geben. Weitere Blumenkohlröschen in Teig tauchen und ins Öl geben (der Topf darf dabei nicht zu voll werden) und ca. 3 Minuten frittieren, bis sie knusprig und goldbraun sind.

3 Die fertigen Pakoras mit einem Schaumlöffel aus dem Öl nehmen und auf Küchenpapier abtropfen lassen. Wenn alle Blumenkohlröschen fertig ausgebacken sind, die Pakoras heiß mit einem Chutney reichen.

Pyaaz pakora

WÜRZIGE ZWIEBEL-PAKORAS

Diesen extrem-lecker gewürzten Zwiebel-Pakoras kann man nur schwer widerstehen! Sie sind ein beliebter Snack in ganz Indien und fast immer unter den Gerichten der Straßenverkäufer zu finden. Am besten genießt man sie mit einem Chutney zum Dippen.

FÜR 4 PERSONEN

VORBEREITUNGSZEIT: 10–15 Minuten

KOCHZEIT: 25–30 Minuten

- 150 g Kichererbsenmehl
- 1 TL Salz (oder nach Belieben)
- 1 Prise Natron
- 25 g Reismehl
- 1 TL Fenchelsamen
- 1 TL Kreuzkümmelsamen
- 2 frische grüne Chilis (nach Belieben entkernt), fein gehackt
- 2 große Zwiebeln, ca. 400 g, halbiert und in Ringe geschnitten, aufgeteilt
- 15 g frischer Koriander, Blätter und Stiele, fein gehackt
- 200 ml kaltes Wasser
- Pflanzen- oder Erdnussöl, zum Frittieren

1. Kichererbsenmehl in eine Schüssel sieben und Salz, Natron, Reismehl, Fenchel- und Kümmelsamen hinzugeben. Alles gut vermengen, dann Chilis, Zwiebeln und Koriander hineingeben. Nach und nach das Wasser hinzugeben und verrühren, bis ein dickflüssiger Teig entsteht, mit dem die Zwiebeln ganz umhüllt sind.

2. Das Öl zum Ausbacken in einem Schmortopf oder einer Fritteuse auf 180 °C erhitzen (ein Brotwürfel bräunt darin innerhalb von 30 Sekunden). Die Zwiebelmischung löffelweise ins Öl geben (je Portion ca. ½ Esslöffel), ohne den Topf zu überfüllen. Die Hitze allmählich reduzieren und die Pakoras 8–10 Minuten frittieren, bis sie goldbraun und knusprig sind.

3. Die Pakoras mit einem Schaumlöffel aus dem Öl nehmen und auf Küchenpapier gut abtropfen lassen. Fertige Pakoras warm halten, während die übrige Teigmischung frittiert wird. Heiß servieren.

Kadhi

PIKANTE JOGHURTSUPPE

Khadi ist eine traditionelle Gujarati-Zubereitungsart einer wunderbar süßen und würzigen Joghurtmischung, die mit Kicherebsenmehl gebunden wird. Diese authentische Joghurtsuppe ist in ihrer Konsistenz ein wenig dünner als die Punjabi-Version. Beide Varianten bieten eine ausgewogene Mischung von süßen, sauren und würzigen Aromen.

FÜR 4 PERSONEN

VORBEREITUNGSZEIT: 20 Minuten

KOCHZEIT: 15–20 Minuten

1 l kaltes Wasser
500 g Naturjoghurt
3 EL Kichererbsenmehl
4 frische grüne Chilis, längs aufgeschlitzt
1 TL frisch geriebene Ingwerwurzel
1 TL Palmzucker
1 TL Kurkuma, gerieben
1 TL Pflanzen- oder Erdnussöl
1 TL Ghee
2 getrocknete rote Chilis, zerzupft
8 frische Curryblätter
1 TL Kreuzkümmelsamen
½ TL schwarze Senfkörner
1 Prise gemahlener Asant
4 EL frisch gehackter Koriander
Salz

1 Wasser, Joghurt und Kichererbsenmehl in einer großen Schüssel zu einer glatten Masse verrühren. Die grünen Chilis, Ingwer, Palmzucker, Kurkuma hinzugeben und nach Belieben salzen. Die Mischung zum Kochen bringen, danach sofort die Hitze reduzieren und unter Rühren 8–10 Minuten kochen.

2 Inzwischen das Ghee mit Öl in einer kleinen Pfanne auf mittlerer Hitze erhitzen. Die getrockneten Chilis, Curryblätter Kreuzkümmelsamen, Senfkörner und Asant hinzugeben. Unter Rühren 2–3 Minuten braten, bis sie platzen.

3 Die Öl-Gewürz-Mischung zum Joghurt in den Topf geben. In angewärmte Schalen umfüllen, mit Koriander bestreuen und heiß servieren.

TIPP

Für eine festere Konsistenz die Mehlmenge auf 5 EL erhöhen. Den Joghurt nicht zu lange kochen, sonst gerinnt er.

Pao bhaji

WÜRZIGER KARTOFFEL-GEMÜSE-SNACK

Dieser beliebte Straßensnack stammt ursprünglich aus Mumbai, ist aber mittlerweile in ganz Indien verbreitet.

Er besteht aus einer Kartoffel-Gemüse-Mischung und wird mit warmen Brötchen, Pao genannt, serviert.

Pao bhaji masala ist eine fertige Gewürzmischung, die in asiatischen Lebensmittelmärkten erhältlich ist.

FÜR 4 PERSONEN

4 EL Pflanzen- oder Erdnussöl

50 g Butter

2 Knoblauchzehen, zerdrückt

2 frische grüne Chilis, fein gehackt

1 große Zwiebel, fein gehackt

2 TL frisch geriebene Ingwerwurzel

480 g Tomatenstücke aus der Dose

200 g Blumenkohl, fein gehackt

100 g Grünkohl, fein gehackt

200 g frische oder TK-Erbsen

1 große Karotte, grob gerieben

4 Kartoffeln, gekocht, geschält und püriert

3 EL Pao bhaji masala (s. S. 28)

2 TL Salz

1 EL Zitronensaft

4 EL fein gehackter frischer Koriander

4 Brötchen, zum Servieren

VORBEREITUNGSZEIT: 25 Minuten

KOCHZEIT: 45–50 Minuten

1 Öl und Butter in einem Wok oder einer großen Pfanne auf mittlerer Stufe erhitzen. Knoblauch und Chilis 30 Sekunden im Fett anbraten, dann Zwiebel und Ingwer zugeben. Weitere 8–10 Minuten unter Rühren dünsten, bis die Zwiebel leicht gebräunt ist.

2 Tomaten zugeben und unter Rühren 6–8 Minuten kochen, bis die Mischung eindickt. Blumenkohl, Grünkohl, Erbsen, Karotte und Kartoffeln zugeben. Das Pao bhaji masala hinzufügen und bei geschlossenem Deckel unter gelegentlichem Rühren 15–20 Minuten köcheln lassen.

3 Den Backofengrill vorheizen. Die Kartoffel-Gemüse-Mischung mit Salz abschmecken und den Zitronensaft zugießen. Vom Herd nehmen und den Koriander darüberstreuen. Die Brötchen aufschneiden und unter dem vorgeheizten Grill leicht rösten. Die Kartoffelmischung mit den angetoasteten Brötchen in vorgewärmte Schalen geben.

1

2

3

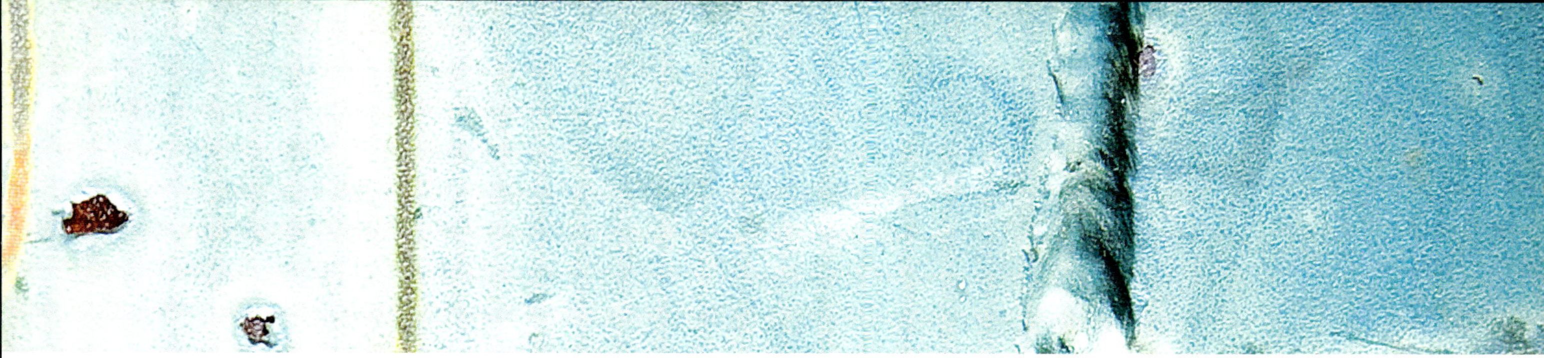

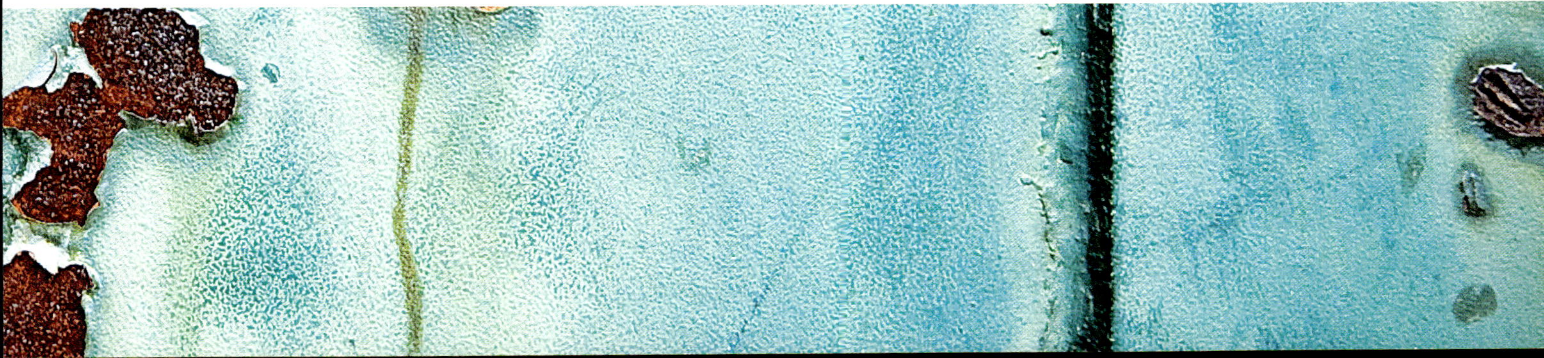

Macchi pakora

FISCH-PAKORAS

Diese Fischhäppchen sind vor allem an Indiens Küstenregionen beliebt. Sie sind ummantelt mit einem leicht gewürzten Kichererbsenmehlteig und goldbraun und knusprig frittiert.

FÜR 4–6 PERSONEN

½ TL Salz

2 EL Zitronensaft oder Branntweinessig

700 g weißes Fischfilet, gehäutet, z. B. Kabeljau, Heilbutt oder Seeteufel, in dicken Würfeln

Pflanzen- oder Erdnussöl, zum Frittieren

Pfeffer

Zitronenspalten, zum Servieren

TEIG

140 g Kichererbsenmehl

Samen aus 4 grünen Kardamomkapseln

1 große Prise gemahlene Kurkuma

1 große Prise Natron

fein abgeriebene Schale von 1 Zitrone

175 ml kaltes Wasser

Salz und Pfeffer

VORBEREITUNGSZEIT: 10–15 Minuten, plus Marinierzeit

KOCHZEIT: 15–20 Minuten

1 Salz, Zitronensaft und nach Belieben Pfeffer in eine große, nicht metallene Schüssel geben und verrühren. Die Fischwürfel gründlich darin wenden und 20–30 Minuten durchziehen lassen.

2 Inzwischen den Backteig zubereiten: Das Mehl in eine Schüssel geben und Kardamomsamen, Kurkuma, Natron, Zitronenschale sowie nach Belieben Salz und Pfeffer unterrühren. Eine Mulde in die Mitte drücken und nach und nach das Wasser unterrühren, bis ein Teig von der Konsistenz flüssiger Sahne entsteht.

3 Die Fischwürfel vorsichtig in den Teig geben, damit sie nicht zerfallen.

4 Reichlich Öl zum Frittieren in einem großen Schmortopf oder einer Fritteuse auf 180 °C erhitzen (ein Brotwürfel bräunt darin innerhalb von 30 Sekunden). Die Fischstücke aus dem Teig nehmen, überschüssigen Teig in die Schüssel abtropfen lassen. Die Fischstücke portionsweise ins heiße Öl geben und 2½–3 Minuten frittieren, bis sie goldgelb sind.

5 Die fertig frittierten Fischstücke mit einem Schaumlöffel aus dem Öl nehmen und auf Küchenpapier abtropfen lassen. So fortfahren, bis alle Fischstücke frittiert sind. Die Fisch-Pakoras heiß mit Zitronenspalten servieren.

Mahi tikka

FISCH-TIKKA

Für diese köstlichen Fischspieße braucht man einen festfleischigen Fisch – Lachs wird oft verwendet, mit Seeteufel funktioniert es aber genauso gut. Traditionell werden sie im Tandoor (indischer Lehmofen) zubereitet.

ERGIBT 8 STÜCK

VORBEREITUNGSZEIT:
10–15 Minuten, plus Einweich-/Marinierzeit

KOCHZEIT:
10 Minuten, plus Ruhezeit

- 1 Prise Safranfäden, zerstoßen
- 1 EL heiße Milch
- 100 g griechischer Joghurt
- 1 EL Knoblauchpaste
- 1 EL Ingwerpaste
- 1 TL Salz (oder nach Belieben)
- ½ TL Zucker
- Saft von ½ Zitrone
- ½–1 TL Chilipulver
- ½ TL Garam masala
- 1 TL gemahlene Fenchelsamen
- 2 TL Kichererbsenmehl
- 750 g Lachsfilets, in 5 cm dicke Würfel geschnitten
- 3 EL Pflanzen- oder Erdnussöl, plus etwas mehr fürs Einfetten

1. Die Safranfäden 10 Minuten in der heißen Milch einweichen.

2. Alle Zutaten, außer Fisch und Öl, in eine Schüssel geben und mit einer Gabel zu einer glatten Masse aufschlagen. Die Safran-Milch-Mischung zugeben, gut verrühren und die Fischwürfel hinzufügen. Mit einem Metalllöffel den Fisch vorsichtig in der Marinade wenden, bis er ganz bedeckt ist. Die Schüssel abdecken und den Fisch in der Marinade 2 Stunden im Kühlschrank ziehen lassen. Vor dem Kochen auf Zimmertemperatur aufwärmen lassen.

3. Den Grill auf hoher Stufe vorheizen. Den Grillrost großzügig mit Öl einfetten. Acht Metallspieße leicht einölen.

4. Die Fischwürfel auf die Spieße stecken, dabei zwischen den Stücken etwas Platz lassen. Auf den Grillrost legen und 3 Minuten grillen. Die Hälfte des Öls über die Kebabs geben und 1 weitere Minute grillen. Die Spieße umdrehen und mit der übrig gebliebenen Marinade bestreichen. Weitere 3 Minuten grillen. Den Rest des Öls auf den Fisch geben und weitere 2 Minuten grillen, bis der Fisch gebräunt ist.

5. Die Spieße vom Grillrost nehmen und vor dem Servieren 5 Minuten ruhen lassen.

Jhinga poori

GARNELEN-PURIS

In diesem Rezept werden frittierte Vollkornfladenbrote, auch Puris genannt, mit einer würzigen Garnelen-Tomaten-Mischung garniert. Puris serviert man am besten direkt aus der Pfanne. Wenn Ihnen das Frittieren zu viel Aufwand ist, können Sie auch Chapatti- oder Naan-Brote nehmen.

FÜR 6 PERSONEN

VORBEREITUNGSZEIT: 10 Minuten

KOCHZEIT: 15–20 Minuten

- 2 TL Koriandersamen
- ½ TL schwarze Pfefferkörner
- 1 große Knoblauchzehe, zerdrückt
- 1 TL gemahlene Kurkuma
- ¼–½ TL Chilipulver
- ½ TL Salz (oder nach Belieben)
- 40 g Ghee oder 3 EL Pflanzen- oder Erdnussöl
- 1 Zwiebel, gerieben
- 800 g Tomaten aus der Dose
- 1 Prise Zucker
- 500 g kleine, gekochte Garnelen, ausgelöst (TK-Ware aufgetaut)
- ½ TL Garam masala, plus etwas mehr zum Garnieren
- 6 Puris (Vollkornfladenbrote), warm gehalten
- frischer Koriander, zum Garnieren

1. Koriander, Pfeffer, Knoblauch, Kurkuma, Chilipulver und Salz in einer kleinen Küchenmaschine, einer Gewürzmühle oder einem Mörser zu einer dicken Paste verarbeiten.

2. Das Ghee in einem Wok oder einer großen Pfanne bei mittlerer Hitze zerlassen. Die Gewürzpaste zugeben und unter Rühren 30 Sekunden anbraten.

3. Die Zwiebel zugeben und alles weitere 30 Sekunden dünsten. Die Tomaten mit ihrem Saft und den Zucker unterrühren. Alles unter Rühren aufkochen und 10 Minuten bei mittlerer Hitze köcheln lassen, dabei die Tomaten in der Pfanne zerdrücken. Die Sauce einkochen, bis sie dickflüssig ist. Nach Belieben mit Salz abschmecken.

4. Die Garnelen untermengen und mit Garam masala bestreuen. Wenn die Garnelen erhitzt sind, die heißen Puri-Fladen auf Teller legen und auf jedem Fladen eine Portion Garnelen anrichten. Mit Koriander und Garam masala garnieren, sofort servieren.

1

2

3

Jhinga masala vadas

MASALA-GARNELEN-KÜCHLEIN

Diese von der Goa-Küche inspirierten Garnelenküchlein sind perfekte Canapés. Sie vereinen die kräftigen, frischen Aromen von Knoblauch, Ingwer, Kokosnuss, Chili, Koriander und Minze. Pressen Sie ein bisschen frischen Limettensaft darüber, um dem Ganzen noch mehr Pfiff zu verleihen.

ERGIBT 20 STÜCK

VORBEREITUNGSZEIT: 20 Minuten, plus Abkühlzeit

KOCHZEIT: 12–15 Minuten

4 EL Pflanzen- oder Erdnussöl
Limettenspalten, zum Servieren

GARNELENKÜCHLEIN

800 g rohe Riesengarnelen, ausgelöst
2 frische rote Chilis, entkernt und sehr fein gehackt
6 EL fein gehackter frischer Koriander
6 EL fein gehackte frische Minze
1 TL Kokoscreme
4 Frühlingszwiebeln, in feinen Ringen
2 Knoblauchzehen, fein gehackt
8 EL frische weiße Semmelbrösel
2 TL gemahlener Kreuzkümmel
1 TL Chilipulver
1 kleines Ei, leicht verquirlt

1. Für die Garnelenküchlein die Garnelen grob zerkleinern und mit den restlichen Zutaten in eine Küchenmaschine geben. Zu einer groben Paste pürieren. Die Mischung in eine Schüssel geben, dann abdecken und mindestens 6–8 Stunden oder besser über Nacht in den Kühlschrank stellen.

2. Den Ofen auf 200 °C vorheizen und ein Backblech mit Backpapier auslegen.

3. Die Fischmischung in 20 kleine Frikadellen mit ca. 4 cm Durchmesser formen. Auf das vorbereitete Backblech legen und leicht mit Öl einpinseln. 12–15 Minuten im vorgeheizten Ofen backen, bis sie aufgegangen und leicht gebräunt sind.

4. Warm oder bei Zimmertemperatur mit Limettenspalten servieren.

TIPP

Für Masala-Fisch-Küchlein einfach die Garnelen durch grob zerkleinertes Fischfilet ersetzen (z. B. Kabeljau oder Rotbarsch).

Samudrapheni masala

KNUSPRIGER CHILI-TINTENFISCH

Diese schnelle und einfache Vorspeise ist von der Küche der Konkan-Küste inspiriert, einem felsigen Gebiet entlang der Küstenlinie Westindiens, das voller natürlicher Schönheit ist. Servieren Sie diese köstlichen Kleinigkeiten für sich oder mit gedünstetem Reis und einem milden Linsencurry.

FÜR 4 PERSONEN

VORBEREITUNGSZEIT: 20 Minuten, plus Marinierzeit

KOCHZEIT: 10–12 Minuten

- 500 g vorbereitete Tintenfischringe
- 5 EL Grieß
- 6 EL Speisestärke
- Pflanzen- oder Erdnussöl, zum Frittieren

MARINADE

- 3 frische rote Chilis, fein gehackt
- 2 TL fein geriebene frische Ingwerwurzel
- 3 Knoblauchzehen, zerdrückt
- 2 TL Weißweinessig
- 4 EL Pflanzen- oder Erdnussöl
- 1 TL gemahlener Kreuzkümmel
- 1 TL Koriandersamen, zerstoßen
- 1 TL Salz

1 Für die Marinade alle Zutaten in der Küchenmaschine glatt pürieren. In eine flache, nicht metallene Schüssel geben und die Tintenfischringe zufügen. Schwenken, um alles gut zu vermengen, abdecken und 1 Stunde zum Marinieren in den Kühlschrank stellen.

2 In einer separaten Schüssel Grieß und Speisestärke vermengen und beiseitestellen.

3 Genug Öl zum Frittieren in einem großen Topf oder einer Fritteuse auf 180 °C erhitzen (ein Brotwürfel bräunt darin in 30 Sekunden). Die Tintenfischringe abtropfen lassen und in der Grießmischung wenden. Den Tintenfisch portionsweise 1–2 Minuten frittieren, bis er knusprig und goldbraun ist.

4 Den Tintenfisch mit einem Schaumlöffel herausnehmen und auf Küchenpapier abtropfen lassen. Sofort servieren.

TIPP

Wenn Sie den Tintenfisch durch rohe, geschälte Tigergarnelen ersetzen, können Sie alternativ knusprige Chili-Garnelen zubereiten.

Gosht hara kabab

KORIANDER-LAMM-KEBAB

Diese köstlich duftenden Spieße werden traditionell im Tandoor zubereitet. Die Hitze sorgt dafür, dass sie rasch knusprig braun werden und innen saftig bleiben. Auf dem Holzkohlegrill gelingen sie aber ebenfalls gut.

ERGIBT 6 STÜCK

VORBEREITUNGSZEIT: 15–20 Minuten, plus Ruhezeit

KOCHZEIT: 5–7 Minuten

700 g Hackfleisch vom Lamm
1 Zwiebel, gerieben
3 EL fein gehackter Koriander, Blätter und Stiele
3 EL fein gehackte Minze
3 EL Kichererbsenmehl
1½ EL gemahlene Mandeln
2,5-cm-Stück Ingwerwurzel, gerieben
3 EL Zitronensaft
2 EL Naturjoghurt
2 TL gemahlener Kreuzkümmel
2 TL gemahlener Koriander
1½ TL Salz
1½ TL Garam masala
1 TL gemahlener Zimt
Pfeffer
Pflanzen- oder Erdnussöl, zum Einpinseln

1. Alle Zutaten außer dem Öl in eine große Schüssel geben und mit den Händen zu einer glatten Masse vermengen. Die Schüssel mit einem Geschirrtuch abdecken und ca. 45 Minuten bei Zimmertemperatur ruhen lassen.

2. Aus der Fleischmasse mit angefeuchteten Händen 24 gleich große Bällchen formen. Vier Bällchen auf jeden der sechs Metallspieße stecken, dabei zwischen den Bällchen Platz lassen.

3. Den Backofengrill vorheizen oder einen Holzkohlegrill vorbereiten. Einen Grillrost mit etwas Öl einpinseln. Die Spieße auf der obersten Backofenschiene oder auf dem heißen Holzkohlegrill unter häufigem Wenden 5–7 Minuten garen, bis das Lammfleisch völlig durchgebraten und auch in der Mitte nicht mehr rosa ist. Sofort servieren.

1

4

5

1

3

4

Boti shashlik

MARINIERTE LAMMSPIESSE

In diesem Rezept lässt man zarte Lammwürfel in einer Joghurtmarinade ziehen und spießt sie mit roten Paprika und Schalotten auf. Schneiden Sie sorgfältig überschüssiges Fett ab, bevor sie das Fleisch würfeln.

FÜR 4 PERSONEN

VORBEREITUNGSZEIT:
15–20 Minuten, plus Marinierzeit

KOCHZEIT:
11–12 Minuten, plus Ruhezeit

- 700 g entbeinte Lammkeule, in 2,5 cm dicke Würfel geschnitten
- 2 EL heller Malzessig
- ½ TL Salz (oder nach Belieben)
- 1 EL Knoblauchpaste
- 1 EL Ingwerpaste
- 120 g Naturjoghurt oder griechischer Joghurt
- 1 EL Kichererbsenmehl
- 1 TL gemahlener Kreuzkümmel
- 1 TL Garam masala
- ½–1 TL Chilipulver
- ½ TL gemahlene Kurkuma
- 3 EL Pflanzen- oder Erdnussöl, plus mehr fürs Einfetten
- ½ rote Paprika, entkernt und in 2,5 cm große Stücke geschnitten
- ½ grüne Paprika, entkernt und in 2,5 cm große Stücke geschnitten
- 8 Schalotten, halbiert
- 50 g Butter, zerlassen

1 Das Fleisch in eine große, nicht metallene Schüssel geben und Essig, Salz, Knoblauchpaste und Ingwerpaste zugeben. Gründlich vermengen, abdecken und zum Marinieren 30 Minuten in den Kühlschrank stellen.

2 Joghurt und Kichererbsenmehl in eine separate Schüssel geben, Kreuzkümmel, Garam masala, Chilipulver, Kurkuma und Öl zufügen und gründlich verrühren. Das Fleisch zur Joghurtmischung geben, dann Paprika und Schalotten unterrühren, sodass alles gut vermengt ist. Abdecken und zum Marinieren 2–3 Stunden, besser über Nacht, in den Kühlschrank stellen. Vor dem Kochen wieder auf Raumtemperatur bringen.

3 Den Backofengrill auf hoher Stufe vorheizen. Den Rost und vier Metallspieße einfetten.

4 Das marinierte Lamm, Paprika und Schalotten abwechselnd auf die vorbereiteten Spieße stecken. Die Spieße unter dem vorgeheizten Backofengrill 4 Minuten garen. Mit der Hälfte der zerlassenen Butter die Spieße großzügig bestreichen und weitere 2 Minuten grillen. Umdrehen und 3–4 Minuten grillen. Die restliche Butter über die Spieße geben und weitere 2 Minuten grillen.

5 Die Schaschlikspieße 5–6 Minuten ruhen lassen, bevor man das Fleisch mit einem Messer vom Spieß schiebt. Sofort servieren.

Kathi roll

HÜHNCHEN-EI-ROLLE

Diese Eierpfannkuchen werden in Bengalen als Straßen-Snack serviert. Sie können mit gewürztem Gemüse, Paneer oder Fleisch gefüllt werden. Hier sind sie mit mariniertem, gegrilltem Hähnchenfleisch gefüllt. Für den besonderen Pfiff ein paar Esslöffel Koriander-Chutney zur Füllung dazugeben.

ERGIBT 6 STÜCK

VORBEREITUNGSZEIT: 30 Minuten, plus Marinierzeit

KOCHZEIT: 25–30 Minuten

2 Hähnchenbrustfilets, in mundgerechte Stücke geschnitten

200 g Mehl, plus etwas mehr zum Bestäuben

1 TL Salz

1 EL Pflanzen- oder Erdnussöl

100 ml Milch

4 Eier

frische Minzeblätter und in Scheiben geschnittene rote Zwiebel, zum Servieren

MARINADE

2 Knoblauchzehen, zerdrückt

1 TL frisch geriebene Ingwerwurzel

2 TL gemahlener Kreuzkümmel

1 TL Chilipulver

¼ TL gemahlene Kurkuma

¼ TL Garam masala

2 TL Tomatenmark

2 EL Naturjoghurt

1 EL Zitronensaft

1 TL Salz

1 EL Pflanzen- oder Erdnussöl

1. Alle Zutaten für die Marinade mitsamt den Hähnchenbrustfilets in eine nicht metallene Schüssel geben und gut vermengen. Abdecken und im Kühlschrank 6–8 Stunden, besser über Nacht, kaltstellen.

2. Kurz vor dem Kochen den Backofengrill auf mittlerer bis hoher Stufe vorheizen. Die marinierten Hähnchenbrustfilets auf Metallspieße spießen. Die Hühnerspieße auf einen Rost legen und unter dem vorgeheizten Grill unter einmaligem Wenden 12–15 Minuten grillen, bis sie gar sind. Die Spieße aus dem Ofen nehmen, das Fleisch von den Spießen entfernen und warm halten.

3. Das Mehl mit dem Salz in eine große Schüssel sieben. Öl, Milch und ein Ei zugeben und 8–10 Minuten kneten, bis ein glatter Teig entsteht. Eine Kugel formen, abdecken und 15–20 Minuten ruhen lassen.

4. Den Teig in sechs gleich große Stücke aufteilen und zu Kugeln formen. Jede Kugel auf einer leicht mit Mehl bestäubten Arbeitsfläche zu einem runden Fladen von 16–17 cm Durchmesser ausrollen. Die restlichen Eier in eine Schüssel aufschlagen und leicht verrühren.

5. Eine beschichtete Pfanne auf mittlerer Stufe erhitzen. Den Pfannkuchen in die Pfanne geben und 1 Minute braten. Umdrehen und 1 Esslöffel des Eis auf dem Pfannkuchen verteilen. Sofort wieder umdrehen und 30–40 Sekunden anbraten, dann vom Herd nehmen. Wiederholen, bis alle Pfannkuchen ausgebacken sind.

6. Das Hühnchen zwischen den Eirollen verteilen und einige Minzeblätter sowie Zwiebeln darüberstreuen. Eng einrollen und sofort servieren.

1

3

4

1

4

5

Murgh momo

GEDÜNSTETE HÄHNCHEN-TEIGTASCHEN

Diese gedünsteten, mit Hähnchen gefüllten Teigtaschen sind in Darjeeling, einer Bergstadt in Westbengalen, sehr populär. Sie sind ein Beispiel für die nepalesischen und tibetanischen Einflüsse auf die indische Küche.

ERGIBT 20 STÜCK

VORBEREITUNGSZEIT:
30 Minuten, plus Marinier- und Ruhezeit

KOCHZEIT:
12–15 Minuten

- 1 EL Weißweinessig
- 1 EL dunkle Sojasauce
- 6 Frühlingszwiebeln, sehr fein gehackt
- 2 Knoblauchzehen, zerdrückt
- 2 TL Salz
- 2 frische grüne Chilis, fein gehackt
- 200 g frisches Hähnchenhackfleisch
- 150 g Mehl, plus etwas mehr zum Bestäuben
- 5 EL lauwarmes Wasser
- 2 EL Pflanzen- und Erdnussöl, plus etwas mehr zum Einfetten
- süße Chilisauce, zum Servieren

1. Essig, Sojasauce, Frühlingszwiebeln, Knoblauch, 1 Teelöffel Salz und die Chilis in eine Schüssel geben. Das Hähnchenhackfleisch zugeben und mit den Fingern alles gründlich vermengen. Abdecken und 30 Minuten marinieren.

2. Inzwischen das Mehl mit dem restlichen Salz in eine große Schüssel sieben. Wasser und Öl hinzugeben und 8–10 Minuten kneten, bis ein glatter Teig entsteht. Abdecken und 15–20 Minuten ruhen lassen.

3. Den Teig in 20 kleine Kugeln aufteilen. Auf einer leicht mit Mehl bestäubten Arbeitsfläche jede Kugel zu einem Fladen mit einem Durchmesser von 10 cm ausrollen.

4. Ein wenig der Hähnchenmischung auf jeden Teigkreis geben und zu einer Tasche formen. Die Tasche verschließen, indem man die Ränder zusammendrückt.

5. Die Teigtaschen in einer Lage in einen Dampfgarer geben und leicht mit Öl bestreichen. Bei hoher Hitze 12–15 Minuten dämpfen, bis das Hähnchen gar ist. Warm mit süßer Chilisauce servieren.

TIPP

Die Teigtaschen kann man bis zu 1 Tag im Voraus zubereiten und frisch garen.

KAPITEL 3

HAUPTGERICHTE

Thukpa

VEGETARISCHE NUDELSUPPE

Diese herzhafte vegetarische Version einer bekannten Nudelsuppe ist ein weiteres Beispiel des tibetanischen Einflusses auf die bengalische Region. Sie ist bei Studenten sehr beliebt und wird in vielen Mensen und Kantinen serviert.

FÜR 4 PERSONEN

VORBEREITUNGSZEIT: 20–25 Minuten

KOCHZEIT: 25–30 Minuten

- 400 g getrocknete dicke Eiernudeln
- 2 EL Pflanzen- oder Erdnussöl
- 1 Zwiebel, fein gehackt
- 1 TL gemahlener Kreuzkümmel
- ½ TL gemahlene Kurkuma
- 2 Knoblauchzehen, zerdrückt
- 2 TL frisch geriebene Ingwerwurzel
- 1 TL Salz
- 2 frische grüne Chilis, fein gehackt
- 100 g Zuckererbsen, der Länge nach in feine Streifen geschnitten
- 2 große Karotten, in dünne Stifte geschnitten
- 1 rote Paprika, entkernt und in feinen Streifen
- 2 Tomaten, fein gehackt
- 2 EL dunkle Sojasauce
- 1 l Gemüsebrühe
- 1 TL Pfeffer
- 200 g junger Spinat
- 6 EL fein gehackter frischer Koriander
- 1 TL geröstetes Sesamöl

1. Die Nudeln nach Packungsanweisung kochen. Abgießen, mit kaltem Wasser abschrecken und beiseitestellen.

2. Das Pflanzenöl in einem großen Topf bei mittlerer Stufe erhitzen, die Zwiebel hinzufügen und unter Rühren 8–10 Minuten dünsten, bis sie leicht gebräunt ist.

3. Kreuzkümmel, Kurkuma, Knoblauch, Ingwer, Salz und Chilis dazugeben und unter Rühren 1–2 Minuten dünsten. Zuckererbsen, Karotten und Paprika hinzufügen und unter Rühren weitere 1–2 Minuten garen.

4. Tomaten, Sojasauce, Brühe und Pfeffer zugeben. Zum Kochen bringen, dann die Hitze reduzieren und 10–12 Minuten köcheln lassen, bis das Gemüse weich ist.

5. Die Nudeln mit dem Spinat hineingeben und erneut aufkochen. Rühren, bis der Spinat zusammenfällt, dann vom Herd nehmen und Koriander und Sesamöl unterrühren. In Schalen geben und sofort servieren.

1

3

5

1

2

3

Shukto

VEGETARISCHES BENGALI-CURRY

Im Shukto, einem traditionellen bengalischen Gemüsecurry, werden verschiedene Gemüsesorten mit Senfkörnern und Mohnpaste gekocht. Panch phoran ist eine bengalische Gewürzmischung, die zu gleichen Teilen aus Bockshornklee-, Fenchel-, Schwarzkümmel- und Kreuzkümmelsamen sowie Senfkörnern besteht.

FÜR 4 PERSONEN

VORBEREITUNGSZEIT: 30 Minuten, plus Einweichzeit

KOCHZEIT: 25–30 Minuten

- 6 EL weiße Mohnsamen (Khus Khus)
- 3 EL schwarze Senfkörner
- 2 EL frisch geriebene Ingwerwurzel
- 4 EL Pflanzen- oder Erdnussöl
- 2 frische grüne Chilis, der Länge nach halbiert
- 1 EL Panch Phoran
- 200 g Bittergurke (Kerala), in 1,5 cm dicke Würfel geschnitten
- 2 Kartoffeln, geschält und in 1,5 cm dicke Würfel geschnitten
- je 1 Aubergine, 1 Zucchini und 1 Karotte, in 1,5 cm dicke Würfel geschnitten
- 1 Tomate, fein gehackt
- 100 g frische oder TK-Erbsen
- 400 ml kaltes Wasser
- ¼ TL gemahlene Kurkuma
- 2 TL Salz
- 1 TL Palmzucker
- 125 ml Milch

1. Die Mohnsamen zusammen mit 2 Esslöffeln Senfkörner 1 Stunde in warmem Wasser quellen lassen. Abgießen und mit dem Ingwer zu einer Paste pürieren.

2. Das Öl in einer großen Pfanne erhitzen und die restlichen Senfkörner mit den Chilis zugeben. Wenn die Senfkörner zu platzen beginnen, das Panch Phoran und das Gemüse hineingeben. Die Hälfte des Wassers zugießen und gut verrühren. Den Deckel auflegen und unter häufigem Rühren 10–12 Minuten bei mittlerer Hitze kochen.

3. Die Hälfte der Mohn-Senfkörner-Paste mit Kurkuma und Salz zufügen. Das restliche Wasser zugießen und unter häufigem Rühren bei niedriger bis mittlerer Stufe weitere 10–15 Minuten kochen.

4. Die restliche Mohn-Senfkörner-Paste, Palmzucker und Milch zugeben und weitere 5 Minuten kochen, bis das Gemüse gar ist. Heiß servieren.

TIPP

Falls Sie keine Bittergurke finden, einfach durch geschälten und entkernten Kürbis ersetzen.

Sambhar

SÜDINDISCHES LINSEN-GEMÜSE-CURRY

Dieses leichte Linsen-Curry aus Tamil Nadu ist vielleicht das typischste Gericht des indischen Südens. Viele der vegetarischen Bewohner der Region genießen fast täglich die eine oder andere Version dieses Gerichts.

FÜR 4–6 PERSONEN

250 g halbierte rote Linsen (Masoor Dhal), abgespült

175 g neue Kartoffeln, abgebürstet und fein gewürfelt

1 große Karotte, fein gewürfelt

1 grüne Paprika, fein gewürfelt

1 l Wasser

¼ TL gemahlene Kurkuma

¼ TL gemahlener Asant

1 EL Tamarindenpaste

2 TL Sambhar masala, oder nach Belieben (s. S. 29)

Salz

GARNIERUNG

1½ EL Pflanzen- oder Erdnussöl

12 frische Curryblätter

2 getrocknete rote Chilis

1 TL schwarze Senfkörner

VORBEREITUNGSZEIT: 15–20 Minuten, plus Einweichzeit

KOCHZEIT: 30–35 Minuten

1 Die Linsen in einer Schüssel mit Wasser bedecken und 30 Minuten einweichen. Zwischendurch das Wasser einmal wechseln.

2 Die Linsen abtropfen lassen und mit Kartoffeln, Karotten und Paprika in einen Wok oder eine große Pfanne geben und mit Wasser übergießen. Das Wasser zum Kochen bringen und bei Bedarf den entstehenden Schaum abschöpfen. Die Temperatur auf die niedrigste Stufe stellen, Kurkuma und Asant hinzugeben und abgedeckt 15–20 Minuten unter gelegentlichem Rühren köcheln lassen, bis Gemüse und Linsen weich sind, aber die Linsen nicht zerfallen.

3 Tamarindenpaste und Sambhar masala unterrühren. Abschmecken und nach Belieben weiteres Sambhar masala und Salz hinzufügen. Bis zum Servieren weiterköcheln lassen.

4 Für die Garnierung das Öl in einer großen Pfanne auf hoher Stufe erhitzen. Curryblätter, Chilis und Senfkörner hinzugeben und schnell, aber vorsichtig umrühren. Die Linsenmischung auf eine Servierplatte geben und die heiße Ölmischung mit den Gewürzen darübergießen. Sofort servieren.

Mattar paneer

ERBSEN MIT PANEER IN CHILI-TOMATEN-SAUCE

In diesem vegetarischen Gericht aus Nordindien werden kleine Paneerstückchen in einer würzigen Tomatensauce gekocht. Paneer ist ein großartiger Eiweißlieferant für Vegetarier.

FÜR 4 PERSONEN

VORBEREITUNGSZEIT: 10–15 Minuten

KOCHZEIT: 30–35 Minuten

- 4 EL Pflanzen- oder Erdnussöl
- 250 g Paneer, in 2,5 cm dicken Würfeln
- 4 grüne Kardamomkapseln, zerstoßen
- 2 Lorbeerblätter
- 1 Zwiebel, fein gehackt
- 2 TL Knoblauchpaste
- 2 TL Ingwerpaste
- 2 TL gemahlener Koriander
- ½ TL gemahlene Kurkuma
- ½–1 TL Chilipulver
- 150 g Tomatenstücke aus der Dose
- 450 ml warmes Wasser
- 1 TL Salz (oder nach Belieben)
- 125 g gefrorene Erbsen
- ½ TL Garam masala
- 2 EL Sahne
- 2 EL frisch gehackter Koriander

1 2 Esslöffel Öl in einem beschichteten Topf auf mittlerer Stufe erhitzen. Die Paneer-Würfel hineingeben und unter häufigem Rühren 3–4 Minuten dünsten, bis sie gleichmäßig gebräunt sind. Den Paneer aus der Pfanne nehmen, auf Küchenpapier abtropfen lassen und beiseitestellen.

2 Das restliche Öl in die Pfanne geben und die Temperatur auf die niedrigste Stufe reduzieren. Kardamomkapseln und Lorbeerblätter zugeben und 20–25 Sekunden schonend anbraten. Die Zwiebel hineingeben und bei mittlerer Hitze unter häufigem Rühren 4–5 Minuten dünsten, bis sie glasig ist. Knoblauch- und Ingwerpaste zufügen und unter Rühren kochen, bis die Zwiebel eine goldene Farbe annimmt.

3 Gemahlenen Koriander, Kurkuma und Chilipulver zugeben und unter Rühren 1 Minute mitdünsten. Die Tomaten zufügen und unter Rühren 4–5 Minunten mitkochen. 2 Esslöffel Wasser zugeben und rühren, bis sich das Öl von der Gewürzpaste trennt. Das dauert etwa 3 Minuten.

4 Das restliche Wasser zugießen und salzen. Aufkochen, die Hitze reduzieren und 7–8 Minuten ohne Deckel köcheln lassen. Den Paneer mit den Erbsen zugeben und weitere 5 Minuten garen. Garam masala, Sahne und frischen Koriander unterrühren, dann vom Herd nehmen. Sofort servieren.

Aloo gobhi

KNOBLAUCH-CHILI-KARTOFFELN MIT BLUMENKOHL

Dieses beliebte indische Gericht wird mit Kartoffeln und Blumenkohl zubereitet, wobei die restlichen Zutaten variieren können. Es gibt wahrscheinlich so viele Varianten, wie es Köche gibt. Dieses Rezept ist leicht zuzubereiten und schmeckt hervorragend. Bis Schritt 2 kann man es auch problemlos vorbereiten.

FÜR 4 PERSONEN

VORBEREITUNGSZEIT: 10 Minuten, plus Einweichzeit

KOCHZEIT: 30 Minuten

350 g neue Kartoffeln
1 kleiner Blumenkohl
2 EL Pflanzen- oder Erdnussöl
1 TL schwarze oder braune Senfkörner
1 TL Kreuzkümmelsamen
5 große Knoblauchzehen, gehackt
1–2 frische grüne Chilis, fein gehackt, nach Belieben entkernt
½ TL gemahlene Kurkuma
½ TL Salz (oder nach Belieben)
2 EL frisch gehackter Koriander

1 Die Kartoffeln mit Schale in einem Topf 20 Minuten kochen, bis sie weich sind. Abtropfen, dann in kaltem Wasser stehen lassen. Nach Belieben schälen und je nach Größe halbieren oder vierteln. Sie sollten nicht viel größer als die Blumenkohlröschen sein.

2 Inzwischen den Blumenkohl in kleine Röschen aufteilen und in einem großen Topf mit kochendem Salzwasser 3 Minuten garen. Abgießen und in Eiswasser abschrecken, um ein Nachkochen zu vermeiden. Erneut abgießen.

3 Das Öl in einem Topf auf mittlerer Stufe erhitzen. Wenn das Öl heiß ist, jedoch noch nicht raucht, zuerst die Senfkörner, dann die Kreuzkümmelsamen zugeben. Den Topf vom Herd nehmen und Knoblauch und Chilis zufügen. Den Topf bei niedriger Stufe wieder auf den Herd stellen und unter Rühren kochen, bis der Knoblauch eine leicht braune Farbe erhält.

4 Kurkuma unterrühren, dann Blumenkohl und Kartoffeln zugeben. Salzen und die Hitze leicht erhöhen. Unter Rühren kochen, bis das Gemüse gut mit den Gewürzen vermischt und alles heiß ist.

5 Den Koriander unterrühren, den Topf vom Herd nehmen und sofort servieren.

1

3

5

Baingan ka bharta

WÜRZIGES AUBERGINENPÜREE

Das Wort Bharta (gesprochen: bhurr-taaah) bezeichnet Gerichte, bei denen die Zutaten entweder vor oder nach dem Zubereiten grob püriert werden. Bhartas sind meist nordindischen Ursprungs und können aus allen möglichen Gemüsesorten hergestellt werden. Diese Version des Baingan ka bharta kommt aus dem Punjab.

FÜR 4 PERSONEN

VORBEREITUNGSZEIT: 15–20 Minuten

KOCHZEIT: 45–55 Minuten

- 4 große Auberginen
- 2 EL Pflanzen- oder Erdnussöl
- 50 g Butter
- 2 Zwiebeln, fein gehackt
- 2 TL frisch geriebene Ingwerwurzel
- 4 Knoblauchzehen, zerdrückt
- 2 frische grüne Chilis, in feine Ringe geschnitten
- 3 Tomaten, fein gehackt
- 2 TL Salz
- 1 TL Chilipulver
- 1 TL geräuchertes Paprikapulver
- 2 TL gemahlener Koriander
- 1 TL gemahlener Kreuzkümmel
- 1 TL gemahlene Kurkuma
- ½ TL Garam masala
- 6 EL fein gehackter frischer Koriander

1 Die Auberginen mit einer Gabel rundum einstechen und über offener Flamme (falls Sie einen Gasofen haben) oder unter dem Backofengrill bei mittlerer bis hoher Hitze unter gelegentlichem Wenden 20–25 Minuten rösten, bis die Haut schwarz wird. Um zu überprüfen, ob die Auberginen gar sind, mit einem Löffelstiel in die Haut stechen – wenn er leicht in die Auberginen dringt, dann sind sie fertig. Abkühlen lassen.

2 Wenn die Auberginen kalt genug sind, um sie anzufassen, die Schalen entfernen und das Fruchtfleisch grob pürieren. Beiseitestellen.

3 Öl und Butter in einer großen, beschichteten Pfanne erhitzen und die Zwiebeln hineingeben. 5–6 Minuten anbraten, bis sie weich sind. Ingwer, Knoblauch und Chilis zugeben und unter Rühren 1–2 Minuten dünsten.

4 Die Tomaten mit dem Salz zufügen und 12–15 Minuten garen. Chilipulver, Paprika, gemahlenen Koriander, Kreuzkümmel und Kurkuma hineingeben.

5 Das Auberginenfleisch zugeben und 3–4 Minuten dünsten. Garam masala und gehackten Koriander hinzufügen und sofort servieren.

TIPP

Falls die Auberginen auf dem Herd gekocht werden, lässt sich der Topf leichter reinigen, wenn man den Boden mit Alufolie bedeckt.

Mumbai aloo

BOMBAY-KARTOFFELN

Dieses simple Gericht mit würzigen Kartoffeln lässt sich einfach zubereiten und passt als Beilage zu fast allem.

Reste können für ein schnelles Mittagessen in einen Chapatti eingewickelt werden.

FÜR 6 PERSONEN

VORBEREITUNGSZEIT: 10 Minuten

KOCHZEIT: 30 Minuten

- 500 g neue Kartoffeln, halbiert
- 1 TL gemahlene Kurkuma
- 1 Prise Salz
- 50 g Ghee oder 4 EL Pflanzen- oder Erdnussöl
- 6 frische Curryblätter
- 1 getrocknete rote Chili
- 2 frische grüne Chilis, gehackt
- ½ TL Schwarzkümmelsamen
- ½ TL Kreuzkümmelsamen
- ½ TL Fenchelsamen
- 1 TL schwarze Senfkörner
- ¼ TL geriebener Asant
- 2 Zwiebeln, gehackt
- 5 EL frisch gehackter Koriander
- Saft von ½ Limette

1. Die Kartoffeln in einen großen Schmortopf geben und genug kaltes Wasser zugießen, um sie zu bedecken. ½ Teelöffel der gemahlenen Kurkuma und Salz zufügen und zum Kochen bringen. 10 Minuten köcheln lassen, bis die Kartoffeln weich sind. Abgießen und beiseitestellen.

2. Das Ghee in einer großen Pfanne erhitzen, Curryblätter und rote Chili zugeben und unter häufigem Rühren einige Minuten braten, bis die Chili geschwärzt ist.

3. Die restliche gemahlene Kurkuma, die grünen Chilis, Schwarzkümmel-, Kreuzkümmel- und Fenchelsamen, Senfkörner, Asant, Zwiebeln und Koriander zugeben. Unter häufigem Rühren 5 Minuten dünsten, bis die Zwiebeln weich sind.

4. Die Kartoffeln zugeben und 10 Minuten bei niedriger Hitze unter häufigem Rühren garen, bis alles erhitzt ist. Den Limettensaft zugeben und sofort servieren.

TIPP

Neue, festkochende Kartoffeln sind am besten für dieses Gericht geeignet, weil sie beim Kochen ihre Form behalten.

Bhindi-pyaaz

OKRA-GEMÜSE-PFANNE MIT ZWIEBELN

Bhindi, auch Okra genannt, ist ein vielseitiges Gemüse. Die Kombination von weichen grünen Okraschoten, leuchtend roten Paprika und weißen Zwiebeln macht dieses Gericht zu einem Augenschmaus.

FÜR 4 PERSONEN

300 g Okra
1 kleine rote Paprika
1 Zwiebel
2 EL Pflanzen- oder Erdnussöl
1 TL schwarze oder braune Senfkörner
½ TL Kreuzkümmelsamen
3 große Knoblauchzehen, leicht zerdrückt, gehackt
½ TL Chilipulver
½ TL Salz (oder nach Belieben)
½ TL Garam masala

VORBEREITUNGSZEIT: 15 Minuten

KOCHZEIT: 10 Minuten

1 Die Okraschoten gut unter fließendem Wasser abspülen und das harte Ende abschneiden. In der Mitte durchschneiden und beiseitestellen.

2 Die Paprika entkernen und in schmale, 4 cm lange Streifen schneiden. Die Zwiebel halbieren und in 5 mm dicke Scheiben schneiden. Alles beiseitestellen.

3 Das Öl in einer Pfanne oder einem Wok auf mittlerer Stufe erhitzen. Wenn es heiß ist, aber noch nicht raucht, zuerst die Senfkörner und dann Kreuzkümmelsamen zugeben. Vom Herd nehmen und den Knoblauch zugeben. Auf niedriger Stufe den Knoblauch unter Rühren 1 Minute schonend garen, bis er gebräunt ist.

4 Okraschoten, Paprika und Zwiebel hinzugeben und bei mittlerer bis hoher Hitze 2 Minuten scharf anbraten. Chilipulver und Salz zugeben und weitere 3 Minuten braten. Das Garam masala hinzugeben und 1 weitere Minute dünsten. Vom Herd nehmen und sofort servieren.

TIPP

Um die Öltemperatur in Schritt 3 zu prüfen, ein paar Senfkörner in die Pfanne geben – diese sollten sofort platzen.

Bharwan baigan tamattari

AUBERGINEN GEFÜLLT MIT TOMATE

Diese Methode, ganze Auberginen längs fächerförmig einzuschneiden und mit einer dünnen Schicht einer würzigen Füllung zwischen den Scheiben zu garen, stammt aus Maharashtra.

ERGIBT 4 STÜCK

VORBEREITUNGSZEIT: 20–30 Minuten

KOCHZEIT: 30–35 Minuten

4 kleine Auberginen von ca. 13 cm Länge

Pflanzen- oder Erdnussöl, zum Schmoren

FÜLLUNG

4 feste Tomaten, gerieben

2 Zwiebeln, gerieben

2 frische rote Chilis, gehackt (nach Belieben entkernt)

4 EL Zitronensaft

4 EL frisch gehackter Koriander

½ EL Knoblauchpaste

½ Ingwerpaste

1½ EL gemahlener Koriander

2 TL gemahlener Kreuzkümmel

1 TL Fenchelsamen

1 TL gemahlene Kurkuma

1 TL Salz

1 EL Kichererbsenmehl (falls nötig)

1 Für die Füllung Tomaten, Zwiebeln, Chilis, Zitronensaft, frischen Koriander, Knoblauch- und Ingwerpaste, gemahlenen Koriander, Kreuzkümmel, Fenchelsamen, Kurkuma und Salz in einer Schüssel vermengen. Die Füllung sollte nicht zu fest, aber doch so dickflüssig sein, dass sie nicht von den Auberginenscheiben fließt. Falls die Tomaten sehr saftig und die Füllung deshalb zu flüssig ist, bis zu 1 Esslöffel Kichererbsenmehl unterrühren.

2 Jede Aubergine längs in vier Scheiben schneiden, sodass sie am Stielende verbunden bleiben. Die Scheiben leicht auffächern und mit einem kleinen Löffel oder mit den Fingern bis an die Ränder mit der Füllung bestreichen. Dann die Scheiben vorsichtig aufeinander legen, sodass die Aubergine wieder ihre ursprüngliche Form erhält.

3 In einen Bräter oder eine große Pfanne mit dicht schließendem Deckel, in die alle Auberginen passen, so viel Öl gießen, dass der Pfannenboden ca. 5 mm hoch bedeckt ist. Die Auberginen nebeneinander hineinlegen.

4 Den Deckel auflegen und die Auberginen auf niedrigster Stufe 15 Minuten schmoren, dann vorsichtig wenden. Mit aufgelegtem Deckel weitere 10–15 Minuten garen, bis die Auberginen weich sind – dies kann man durch Anstechen mit einem Messer prüfen. Zwischendurch gelegentlich kontrollieren, ob die Auberginen am Pfannenboden anbacken. Falls notwendig, ein paar Esslöffel Wasser zugeben. Heiß oder warm servieren.

Tandoori khumbi

TANDOORI-PILZ-CURRY

Dieses nordindische Pilz-Curry ist eine tolle vegetarische Abwechslung auf jedem Speiseplan. Für eine geschmackliche Variation kann man auch die Erbsen durch gehackten Spinat ersetzen. Mit gekochtem Basmatireis oder warmen Chapattis heiß servieren.

FÜR 4 PERSONEN

2 EL Pflanzen- oder Erdnussöl
1 TL Kreuzkümmelsamen
1 TL Koriandersamen
1 Zwiebel, fein gehackt
2 TL gemahlener Koriander
1 TL gemahlener Kreuzkümmel
6 schwarze Pfefferkörner
½ TL frisch gemahlene Kardamomsamen
1 TL gemahlene Kurkuma
1 EL Tandoori masala (s. S. 29)
1 frische rote Chili, fein gehackt
2 Knoblauchzehen, zerdrückt
2 TL frisch geriebene Ingwerwurzel
800 g Tomatenstücke aus der Dose
600 g braune oder weiße Champignons, halbiert oder in dicken Scheiben
2 TL Salz
200 g frische oder gefrorene Erbsen
4 EL grob gehackter, frischer Koriander
6 EL Sahne

VORBEREITUNGSZEIT: 15–20 Minuten

KOCHZEIT: 35 Minuten

1 Das Öl in einem großen Topf auf mittlerer Stufe erhitzen. Kreuzkümmel- und Koriandersamen zugeben und 1 Minute garen, bis sie knistern.

2 Zwiebel, gemahlenen Koriander, Kreuzkümmel, Pfefferkörner, Kardamom, Kurkuma, Tandoori masala, Chili, Knoblauch und Ingwer zufügen. Unter Rühren 2–3 Minuten dünsten, bis die Zwiebel weich ist und die Mischung die Aromen angenommen hat.

3 Tomaten, Pilze und Salz hineingeben und gut verrühren. Zum Kochen bringen, dann die Temperatur auf niedrigste Stufe reduzieren und 25 Minuten ohne Deckel köcheln lassen.

4 Die Erbsen zugeben und unterrühren. Weitere 4–5 Minuten kochen, bis die Mischung heiß ist.

5 Vom Herd nehmen, den frischen Koriander darüberstreuen und die Sahne hinzufügen. Alles gut vermengen und sofort servieren.

2

3

4

2

4

5

Patrani macchi

GEBACKENER FISCH IM BANANENBLATT NACH PARSISCHER ART

Dieses leckere, gebackene Fischgericht nach parsischer Art sieht sehr appetitlich aus, wenn es in einem Bananenblatt serviert wird. Ihren Gästen wird das Wasser im Munde zusammenlaufen, nachdem sie ihre Päckchen am Tisch geöffnet haben.

FÜR 4 PERSONEN

4 Kabeljaufilets à 200 g
2 TL gemahlene Kurkuma
1 großes, frisches Bananenblatt

GEWÜRZPASTE

2 TL gemahlene Kreuzkümmelsamen
2 TL gemahlener Koriander
1½ TL Palmzucker
200 ml Kokoscreme
4 frische rote Chilis, entkernt und gehackt
100 g frisch gehackter Koriander
4 EL frisch gehackte Minze
5 Knoblauchzehen, gehackt
1 TL fein geriebene frische Ingwerwurzel
4 EL Pflanzen- oder Erdnussöl
Saft von 2 Limetten
2 TL Salz

VORBEREITUNGSZEIT: 15–20 Minuten

GARZEIT: 15–20 Minuten

1 Den Backofen auf 200 °C vorheizen

2 Die Fischfilets nebeneinander auf einem Teller platzieren, Kurkuma darüberstreuen und das Fischfilet damit einreiben. Beiseitestellen.

3 Die Zutaten für die Gewürzpaste in eine Küchenmaschine geben und mixen, bis eine glatte Masse entsteht. Beiseitestellen.

4 Das Bananenblatt in vier 24-cm große Quadrate schneiden. Einige Sekunden in eine Pfanne mit heißem Wasser legen, um die Bananenblattstücke biegsam zu machen. Mit Küchenpapier abtrocknen und auf der Arbeitsfläche auslegen.

5 Die Gewürzpaste großzügig auf beide Seiten der Fischfilets auftragen. Auf jedes Bananenblattquadrat ein Stück Fisch geben, zu einem Päckchen zusammenfalten und mit einem Bambusspieß oder einem Stück Schnur fixieren.

6 Die Päckchen auf ein Backblech geben und im vorgeheizten Ofen 15–20 Minuten backen, bis der Fisch gar ist. Auf Teller geben und sofort servieren.

TIPP

Frische Bananenblätter erhält man im Asialaden. Stattdessen können Sie leicht eingeölte Aluminiumzuschnitte verwenden.

Kaalvan

MARATHISCHES LACHS-CURRY

Dieses einfache Fischgericht steckt voller Aromen. Kaalvan ist der marathische Begriff für Fisch-Currys. Sie können ganz nach Belieben anstelle des Lachses jedes feste Fischfilet nehmen. Mit frisch gekochtem Basmatireis servieren.

FÜR 4 PERSONEN

VORBEREITUNGSZEIT: 5–10 Minuten

KOCHZEIT: 15–20 Minuten

- 6 EL Pflanzen- oder Erdnussöl
- 8 Lachssteaks à 150 g
- 2 TL Speisestärke
- 1 TL heißes Chilipulver
- 1 TL Paprikapulver
- ½ TL gemahlene Kurkuma
- 2 TL gemahlener Kreuzkümmel
- 1 TL gemahlener Koriander
- 2 TL Salz
- 1 TL Tamarindenpaste
- 400 ml Kokosmilch
- 400 ml kaltes Wasser

1. Das Öl in einem beschichteten Topf erhitzen und den Fisch hineingeben. Den Lachs auf jeder Seite 1–2 Minuten anbraten.

2. Speisestärke, Gewürze, Salz, Tamarindenpaste und Kokosmilch in einer separaten Schüssel vermengen. Die Mischung zu dem Fisch geben und das Wasser zugießen.

3. Zum Kochen bringen, dann die Hitze reduzieren und abgedeckt 10–12 Minuten köcheln lassen, bis der Fisch gar und die Sauce leicht sämig ist (sie sollte immer noch relativ flüssig sein). Sofort servieren.

Goa che nalla chi kadi

MEERESFRÜCHTE-CURRY NACH GOA-ART

Dieses leicht und schnell zubereitete Gericht mit Senfkörnern, Curryblättern und cremiger Kokossauce ist nicht nur für das tropische Goa an der Westküste, sondern eigentlich für ganz Südindien typisch.

FÜR 4–6 PERSONEN

3 EL Pflanzen- oder Erdnussöl

1 EL schwarze Senfkörner

12 frische Curryblätter

6 Schalotten, fein gehackt

1 Knoblauchzehe, zerdrückt

1 TL gemahlene Kurkuma

½ TL gemahlener Koriander

¼–½ TL Chilipulver

150 g Kokoscreme, geraspelt und in 300 ml kochend heißem Wasser aufgelöst

500 g dickes weißes Fischfilet, z. B. Kabeljau oder Seeteufel, in dicken Würfeln

450 g große, rohe Garnelen, ausgelöst

Saft und abgeriebene Schale von 1 Limette

Salz

VORBEREITUNGSZEIT: 15 Minuten

KOCHZEIT: 20 Minuten

1 Das Öl in einem Wok oder einer großen Pfanne auf hoher Stufe erhitzen. Die Senfkörner zugeben und ca. 1 Minute braten, bis sie platzen. Die Curryblätter zufügen.

2 Schalotten und Knoblauch zugeben und ca. 5 Minuten mitbraten, bis sich die Schalotten goldgelb färben. Kurkuma, Koriander und Chilipulver zufügen und alles ca. 30 Sekunden braten. Die aufgelöste Kokoscreme untermengen. Kurz aufkochen, die Hitze auf mittlere Stufe reduzieren und alles weitere 2 Minuten rühren.

3 Die Hitze auf niedrigste Stufe herunterschalten, die Fischwürfel zugeben und 1 Minute köcheln, dabei die Sauce über den Fisch löffeln und diesen sehr vorsichtig wenden. Die Garnelen zugeben und alles weitere 4–5 Minuten köcheln, bis das Fischfleisch durchgegart ist und die Garnelen sich rosa verfärben.

4 Die Hälfte des Limettensafts zugeben, dann mit weiterem Limettensaft und Salz abschmecken. Mit der Limettenschale garnieren und sofort servieren.

TIPP

Kokoscreme ist in Form eines gepressten Blocks erhältlich. Die benötigte Menge kann einfach abgerieben werden.

Macchi masala

FISCH-CURRY NACH BALTI-ART

Das ist ein Gericht für alle, denen die herzhaft gewürzten nordindischen Gerichte lieber sind als die mit Kokosnuss aromatisierten Speisen des Südens. Es ist besonders lecker, wenn es mit indischem Brot serviert wird.

FÜR 4–6 PERSONEN

900 g dicke weiße Fischfilets, z. B. Kabeljau, Heilbutt oder Seeteufel, abgespült und in dicke Würfel geschnitten

150 g Ghee oder Pflanzen- oder Erdnussöl

2 große Zwiebeln, gehackt

½ EL Salz

150 ml kaltes Wasser

frisch gehackter Koriander, zum Garnieren

MARINADE

¾ TL Knoblauchpaste

¾ TL Ingwerpaste

1 frische grüne Chili, entkernt und gehackt

1 TL gemahlener Koriander

1 TL gemahlener Kreuzkümmel

½ TL gemahlene Kurkuma

¼–½ TL Chilipulver

Salz

1 EL kaltes Wasser

2 Lorbeerblätter, zerzupft

VORBEREITUNGSZEIT: 10–15 Minuten, plus Marinierzeit

KOCHZEIT: 15–20 Minuten

1 Für die Marinade Knoblauch- und Ingwerpaste, Chili, Koriander, Kreuzkümmel, Kurkuma, Chilipulver und nach Belieben Salz in einer großen Schüssel vermengen. Nach und nach das Wasser unterrühren, sodass eine dünnflüssige Paste entsteht.

2 Die Fischwürfel zugeben und in der Marinade wenden, bis sie gut bedeckt sind. Die Lorbeerblätter unterheben und alles 30 Minuten bis 4 Stunden zum Marinieren in den Kühlschrank stellen.

3 Den Fisch 15 Minuten vor der Zubereitung aus dem Kühlschrank nehmen. Das Ghee in einem Wok oder einer großen Pfanne bei mittlerer Hitze zerlassen. Die Zwiebeln zugeben, mit dem Salz bestreuen und unter häufigem Rühren 8 Minuten dünsten, bis sie leicht gebräunt sind.

4 Den Fisch mitsamt der Marinade vorsichtig in die Pfanne geben und das Wasser zugießen. Kurz aufkochen, dann sofort die Hitze reduzieren und den Fisch 4–5 Minuten sanft köcheln lassen. Dabei häufig die Sauce über den Fisch löffeln und die Fischwürfel vorsichtig in der Pfanne wenden, bis sie durchgegart sind und leicht zerfallen. Mit dem gehackten Koriander garnieren und sofort servieren.

Doi mach

SEEZUNGE IN CHILIJOGHURT

Dieses Gericht ist typisch für die bengalische Küche, wo Meeresfrüchte ein wichtiger Bestandteil der Ernährung sind. Es kann auch mit anderen Fischsorten, wie etwa Flunder, zubereitet werden. Frisch gekochte Okraschoten sind eine leckere Beilage.

FÜR 4 PERSONEN

VORBEREITUNGSZEIT: 15–20 Minuten

KOCHZEIT: 20–25 Minuten

- 2 EL Pflanzen- oder Erdnussöl
- 1 große Zwiebel, in Scheiben geschnitten
- 4-cm-Stück frische Ingwerwurzel, fein gehackt
- ½ TL Salz
- ¼ TL gemahlene Kurkuma
- 1 Prise gemahlener Zimt
- 1 Prise gemahlene Gewürznelken
- 200 g Naturjoghurt
- 1 EL Mehl
- 1 kleine Prise Chilipulver
- 4 Seezungenfilets à 150 g, abgetupft
- 30 g Ghee oder 2 EL Pflanzen- oder Erdnussöl
- Salz und Pfeffer
- frische grüne Chilis, in Streifen geschnitten, zum Garnieren

1. Das Öl in einer großen Pfanne auf mittlerer bis hoher Stufe erhitzen. Die Zwiebel zugeben und 8 Minuten andünsten, bis sie weich und goldbraun ist. Ingwer zufügen und 1 weitere Minute braten.

2. Salz, Kurkuma, Zimt und Gewürznelken zugeben und weitere 30 Sekunden anbraten. Die Pfanne vom Herd nehmen und den Joghurt nach und nach unterrühren, dabei die Sauce aufschlagen.

3. Die Joghurtmischung in einen Mixer oder eine Küchenmaschine geben und pürieren, bis sich eine Paste bildet.

4. Das Mehl mit dem Chilipulver und Salz und Pfeffer nach Belieben würzen. Die Fischfilets mit dem gewürzten Mehl von beiden Seiten leicht bestäuben.

5. Die Pfanne mit Küchenpapier abwischen und das Ghee auf mittlerer bis hoher Stufe zerlassen. Wenn es Blasen wirft, die Hitze auf mittlere Stufe reduzieren und die Fischfilets nebeneinander in die Pfanne geben. 2½ Minuten braten, bis sie goldbraun sind.

6. Die Fischfilets umdrehen und 1 weitere Minute braten. Die Joghurtsauce dazugeben und unter Rühren erneut erhitzen, bis die Sauce heiß und der Fisch gar ist (der Fisch zerfällt leicht). Auf Teller geben, mit den grünen Chilis garnieren und sofort servieren.

Macher jhol

BENGALISCHES FISCH-CURRY

Mit aromatischem Senföl zu kochen, ist in Bengalen weit verbreitet. Das Öl bis zum Rauchen zu erhitzen und vor dem Kochen wieder abkühlen zu lassen, reduziert den starken Geruch und Geschmack des Öls. Man kann aber auch Pflanzen- oder Erdnussöl verwenden, wenn ein milderes Aroma erwünscht ist.

FÜR 4 PERSONEN

VORBEREITUNGSZEIT: 15 Minuten

KOCHZEIT: 25–30 Minuten

2 TL Koriandersamen

1 TL Kreuzkümmelsamen

4 EL Senföl

800 g Seeteufelfilets, in mundgerechte Stücke geschnitten

2 Kartoffeln, in fingerdicke Stifte geschnitten

1 TL gemahlene Kurkuma

2 TL Salz

5 frische grüne Chilis, längs aufgeschlitzt

1 EL Panch phoran

800 ml kaltes Wasser

gekochter Basmatireis, zum Servieren

1. Die Koriander- und Kreuzkümmelsamen in einer kleinen Pfanne ohne Fett 1–2 Minuten rösten. Die Samen aus der Pfanne nehmen und abkühlen lassen. Dann in einer Gewürzmühle (oder in einem Mörser) fein zermahlen und beiseitestellen.

2. 2 Teelöffel des Senföls in einem Schmortopf erhitzen bis es den Rauchpunkt erreicht. Vom Herd nehmen und abkühlen lassen, anschließend das Öl auf mittlerer Stufe erneut erhitzen. Den Fisch in die Pfanne geben und auf jeder Seite 1 Minute anbraten. Mit einem Schaumlöffel herausnehmen und beiseitestellen.

3. Das restliche Öl im Topf erhitzen, die Kartoffeln zufügen und 2–3 Minuten scharf anbraten. Kurkuma, Salz, Chilis, Panch phoran und die gemahlenen Gewürze 1 Minute scharf mitdünsten.

4. Das Wasser zugießen und zum Kochen bringen. Die Hitze reduzieren und 12–15 Minuten köcheln lassen, bis die Kartoffeln gerade weich sind. Den Fisch in den Topf geben und 3–4 Minuten köcheln lassen, bis der Fisch gar ist und leicht zerfällt. Sofort mit gekochtem Basmatireis servieren.

1

2

3

Paatrani macchi

GEDÄMPFTER FISCH MIT KORIANDER-CHUTNEY

Im Süden Indiens werden die Blätter der Bananenstaude oft zum Kochen verwendet. Hier werden Fischfilets mit aromatischem Chutney in die glänzend grünen Blätter gehüllt, damit sie beim Dämpfen saftig bleiben.

FÜR 4 PERSONEN

VORBEREITUNGSZEIT: 10–15 Minuten

KOCHZEIT: 15 Minuten

1 großes, frisches Bananenblatt

Pflanzen- oder Erdnussöl, zum Einfetten

4 weiße Fischfilets, z. B. Pomfret (Brachsenmakrele) oder Seezunge à 150 g

225 g Koriander-Chutney (s. S. 40)

Salz und Pfeffer

Zitronenspalten, zum Servieren

1 Aus dem Bananenblatt vier Quadrate schneiden, die so groß sind, dass man die Fischfilets darin einwickeln kann (25 cm x 25 cm). Die Unterseite eines Bananenblattquadrats leicht einölen. Ein Fischfilet mit der fleischigen Seite nach oben in die Mitte der geölten Seite des Blatts legen. Das Fischfilet mit einem Viertel des Koriander-Chutneys bestreichen und mit Salz und Pfeffer würzen.

2 Die Bananenblattzuschnitte wie ein Päckchen falten und mit einem Bambusstäbchen oder einer Schnur verschließen.

3 Einen Dämpfer, der so groß ist, dass alle Fischpäckchen in einer Lage hineinpassen, so auf einen Topf mit kochendem Wasser setzen, dass das Wasser den Fisch nicht berührt. Die Fischpäckchen hineinlegen, den Deckel auflegen und den Fisch 15 Minuten dämpfen. Danach ein Päckchen öffnen, um zu kontrollieren, ob der Fisch durchgegart ist. Die Fischpäckchen auf Teller geben und mit Zitronenspalten servieren.

TIPP

Die Bananenblattquadrate lassen sich besser falten, wenn man sie kurz in eine Schüssel mit kochend heißem Wasser taucht.

Tissario kadugu

MUSCHELN MIT SENF UND SCHALOTTEN

Körbe voller Muschelberge sind an Indiens südlicher Malabarküste kein seltener Anblick. Schnell zubereitete, köstlich duftende Gerichte wie dieses werden zum Beispiel in den Freiluftrestaurants am Hafen serviert.

FÜR 4 PERSONEN

- 2 kg Miesmuscheln
- 3 EL Pflanzen- oder Erdnussöl
- ½ EL schwarze Senfkörner
- 8 Schalotten, gehackt
- 2 Knoblauchzehen, zerdrückt
- 2 EL Branntweinessig
- 4 kleine, frische rote Chilis
- 100 g Kokoscreme, gerieben, in 300 ml kochend heißem Wasser aufgelöst
- 10 frische Curryblätter
- ½ TL gemahlene Kurkuma
- ¼–½ TL Chilipulver
- Salz

VORBEREITUNGSZEIT: 5–10 Minuten

KOCHZEIT: 10–12 Minuten

1 Die Muscheln verlesen und alle Exemplare mit beschädigter Schale sowie offene Muscheln, die sich beim Dagegenklopfen nicht schließen, wegwerfen. Den Rest beiseitestellen.

2 Das Öl in einem Wok oder einer großen Pfanne auf mittlerer Stufe erhitzen. Die Senfkörner zugeben und ca. 1 Minute rühren, bis sie platzen.

3 Schalotten und Knoblauch zugeben und unter häufigem Rühren ca. 3 Minuten braten, bis sie leicht gebräunt sind. Essig, ganze Chilis, Kokoscreme, Curryblätter, Kurkuma, Chilipulver und eine Prise Salz zugeben und alles unter Rühren zum Kochen bringen.

4 Die Hitze auf niedrigste Stufe reduzieren. Die Muscheln in die Pfanne geben, den Deckel auflegen und die Muscheln ca. 3–4 Minuten dünsten, dabei die Pfanne häufig rütteln, bis sich alle Muscheln geöffnet haben. Alle Muscheln, die geschlossen bleiben, wegwerfen. Die Muscheln in tiefe Schalen geben und den Kochsud mit Salz abschmecken. Die Muscheln mit dem Sud übergießen und servieren.

TIPP

Falls die Muscheln sandig sind, den Sud durch ein mit Musselin oder Küchenpapier ausgelegtes Sieb abseihen.

1

2

4

Meen moilee

SÜDINDISCHES KOKOS-FISCH-CURRY

Dieses leicht gewürzte Kokos-Fischrezept von der Küstenregion in Kerala vereint frische Zutaten auf einfache, aber raffinierte Art. Mit frisch gekochtem Basmatireis servieren.

FÜR 4 PERSONEN

- 2 TL Salz
- 2 TL gemahlene Kurkuma
- 4 Heilbuttfilets à 200 g
- 2 EL Pflanzen- oder Erdnussöl
- 2 Zwiebeln, fein gehackt
- 4 frische grüne Chilis, längs aufgeschlitzt
- 3 Knoblauchzehen, in sehr feinen Scheiben
- 12 frische Curryblätter
- 400 ml Kokosmilch
- 4 EL fein gehackter, frischer Koriander

VORBEREITUNGSZEIT: 10 Minuten

KOCHZEIT: 30–35 Minuten

1. 1 Teelöffel Salz mit 1 Teelöffel Kurkumapulver mischen. Den Fisch sanft damit einreiben und 12–15 Minuten beiseitestellen.

2. Inzwischen das Öl in einer Pfanne erhitzen. Zwiebeln, Chilis und Knoblauch zufügen und einige Minuten scharf anbraten. Curryblätter zugeben und auf niedriger bis mittlerer Stufe 12–15 Minuten kochen, bis die Zwiebeln glasig sind.

3. Das restliche Kurkumapulver mit dem Salz in die Pfanne geben. Die Kokosmilch zugießen und zum Köcheln bringen.

4. Die Fischfilets nebeneinander in die Pfanne geben und 5–6 Minuten dünsten, bis der Fisch gar ist.

5. Vom Herd nehmen und mit Koriander bestreuen. Sofort servieren.

TIPP

Wenn Sie lieber Garnelen statt Fisch essen, die Fischfilets durch 600 g rohe, ausgelöste Riesengarnelen mit Schwanzenden ersetzen.

Tamatar macchi

FISCH IN TOMATEN-CHILI-SAUCE MIT RÖSTZWIEBELN

Dieses leckere Gericht, bei dem fester Fisch mit wenig Fett scharf angebraten und anschließend in einer würzigen Chili-Tomaten-Sauce gegart wird, stammt aus dem Nordosten Indiens. Am besten serviert man es mit frisch gekochtem Basmatireis und Papadams.

FÜR 4 PERSONEN

VORBEREITUNGSZEIT: 10 Minuten, plus Marinierzeit

KOCHZEIT: 35–40 Minuten

- 700 g weiße Fischfilets, z. B. Seezunge, Kabeljau oder Rotbarsch, in 5 cm große Stücke geschnitten
- 2 EL Zitronensaft
- 1 TL Salz (oder nach Belieben)
- 1 TL gemahlene Kurkuma
- 4 EL Pflanzen- oder Erdnussöl, plus Öl zum Braten
- 2 TL Zucker
- 1 große Zwiebel, fein gehackt
- 2 TL Ingwerpaste
- 2 TL Knoblauchpaste
- ½ TL gemahlene Fenchelsamen
- 1 TL gemahlener Koriander
- ½–1 TL Chilipulver
- 175 g Tomatenstücke aus der Dose
- 300 ml warmes Wasser
- 2–3 TL frisch gehackter Koriander

1 Den Fisch auf einen großen Teller geben und vorsichtig mit dem Zitronensaft, ½ Teelöffel Salz und ½ Teelöffel Kurkuma einreiben. 20 Minuten beiseitestellen.

2 Genug Öl in eine Pfanne geben, dass es ungefähr 1 cm hoch in der Pfanne steht, und auf mittlerer bis hoher Stufe erhitzen. Wenn das Öl heiß ist, die Fischfilets nebeneinander braten, bis sie auf beiden Seiten gut gebräunt sind und eine leichte Kruste haben. Auf Küchenpapier abtropfen lassen.

3 Das Öl in einem Topf oder einer Pfanne auf mittlerer Stufe erhitzen und den Zucker hineingeben und bräunen, aber nicht schwarz werden lassen. Sobald der Zucker braun ist, Zwiebel zugeben und 5 Minuten dünsten, bis sie weich ist. Ingwer- und Knoblauchpaste zugeben und weitere 3–4 Minuten kochen, bis die Mischung beginnt, braun zu werden.

4 Fenchelsamen und gemahlenen Koriander, Chilipulver und restliche Kurkuma zugeben. Ca. 1 Minute kochen, dann die Hälfte der Tomaten zugeben. Unter Rühren kochen, bis der Tomatensaft verdampft ist, dann den Rest der Tomaten zugeben. Unter Rühren weiterkochen, bis sich das Öl von der Gewürzpaste trennt.

5 Wasser zugießen und das restliche Salz hinzufügen. Zum Kochen bringen und die Hitze auf mittlere Stufe reduzieren. Den Fisch zugeben, vorsichtig umrühren und bei geringer Hitze, ohne Deckel 5–6 Minuten kochen. Dann die Hälfte des gehackten Korianders zugeben und den Topf vom Herd nehmen. Mit dem restlichen Koriander garnieren und sofort servieren.

Murgh chettinad

HÄHNCHEN-CURRY SÜDINDISCHE ART

Dieses Gericht stammt aus Chettinad, einer Region im Staat Tamil Nadu an der südlichsten Spitze Indiens. Chettinad ist sehr bekannt für seine Tempel und die sehr gute Küche. Letztere tendiert zu scharfen, würzigen Speisen.

FÜR 4 PERSONEN

4 EL Pflanzen- oder Erdnussöl
1 TL schwarze Senfkörner
1 Prise gemahlener Asant
8–10 frische Curryblätter
600 g enthäutete, entbeinte Hähnchenkeulen, in mundgerechte Stücke geschnitten
2 TL gemahlener Kreuzkümmel
1 TL gemahlener Koriander
1 TL gemahlene Kurkuma
2 TL Salz
2 EL Pfeffer
1 TL Chilipulver
200 g Kokoscreme
200 ml kaltes Wasser
1 TL frisch geriebene Ingwerwurzel
Saft von 1 Limette
6 EL frisch gehackter Koriander

VORBEREITUNGSZEIT: 25 Minuten

KOCHZEIT: 30 Minuten

1 Das Öl in einem beschichteten Topf auf mittlerer Stufe erhitzen. Die Senfkörner zugeben und braten, bis sie zu platzen beginnen. Dann sofort Asant und Curryblätter zugeben und 30 Sekunden scharf anbraten.

2 Das Hähnchenfleisch hinzugeben und 4–5 Minuten anbraten. Kreuzkümmel, gemahlenen Koriander, Kurkuma, Salz, Pfeffer und Chilipulver zugeben und 1–2 Minuten anbraten.

3 Kokoscreme und Wasser zugeben, gut verrühren und bei niedriger bis mittlerer Stufe 15–20 Minuten kochen, bis das Fleisch gar ist.

4 Ingwer zufügen, dann die Pfanne vom Herd nehmen und den Limettensaft unterrühren. Den gehackten Koriander darüberstreuen und sofort servieren.

TIPP

Kokoscreme ist reichhaltiger und dickflüssiger als Kokosmilch, da sie einen höheren Anteil an Kokosnuss enthält. Sie ist gebrauchsfertig in Dosen erhältlich.

Murgh nu farcha

FRITTIERTES HÄHNCHEN NACH PARSISCHER ART

In diesem Hähnchenrezept nach parsischer Art werden Fleischstücke mit Gewürzen mariniert, in Paniermehl gewendet und anschließend frittiert, bis sie knusprig und goldbraun sind. Als Variante können Sie Putenbrustfilets anstelle des Hähnchens verwenden. Schneiden Sie das Fleisch dann in fingerdicke Streifen.

FÜR 4 PERSONEN

VORBEREITUNGSZEIT: 15–20 Minuten, plus Marinierzeit

KOCHZEIT: 10–18 Minuten

1 TL Chilipulver
1 frische grüne Chili, fein gehackt
2 TL Salz
1 TL gemahlener Kreuzkümmel
1 TL gemahlener Koriander
2 TL frisch geriebene Ingwerwurzel
3 Knoblauchzehen, zerdrückt
1 EL Weißweinessig
1 TL Palmzucker
4 EL fein gehackter, frischer Koriander
600 g Hähnchenbrustfilet, in mundgerechten Stücken
3 Eier
100 g Paniermehl
Pflanzen- oder Erdnussöl, zum Frittieren

1 Chilipulver, Chili, Salz, Kreuzkümmel, gemahlenen Koriander, Ingwer, Knoblauch, Essig, Palmzucker und gehackten Koriander in eine Schüssel geben. Das Fleisch hinzugeben und gut vermengen. Abdecken und 6–8 Stunden, besser über Nacht, im Kühlschrank marinieren.

2 Die Eier in eine flache Schüssel aufschlagen und verquirlen Das Paniermehl auf einen großen Teller geben. Die Fleischstücke in die Eier tauchen und anschließend im Paniermehl wenden, sodass sie gleichmäßig bedeckt.

3 Genug Öl zum Frittieren in einem großen Topf oder einer Fritteuse auf 180 °C erhitzen (ein Brotwürfel bräunt darin in 30 Sekunden). Die Hähnchenstücke portionsweise 5–6 Minuten frittieren, bis sie knusprig, goldbraun und gar sind. Mit einem Schaumlöffel herausnehmen und auf Küchenpapier abtropfen. Warm servieren.

1

2

3

Tandoori murgh

TANDOORI-HÄHNCHEN

Eigentlich muss das Hähnchen für dieses Gericht im traditionellen Tandoor-Ofen, einem kegelförmigen Lehmofen, gegart werden. Im Backofen gelingt das Gericht aber ebenfalls gut.

FÜR 4 PERSONEN

1 Poularde von 1,5 kg, ohne Haut
½ Zitrone
1 TL Salz
30 g Ghee, zerlassen
frische Korianderzweige, zum Garnieren
Zitronenspalten, zum Servieren

TANDOORIPASTE

½ EL Knoblauchpaste
½ EL Ingwerpaste
1 EL Paprikapulver
1 TL gemahlener Zimt
1 TL gemahlener Kreuzkümmel
½ TL gemahlener Koriander
¼ TL Chilipulver, am besten Kaschmir-Chilipulver
1 Prise gemahlene Gewürznelke
¼ TL rote Lebensmittelfarbe (nach Belieben)
einige Tropfen gelbe Lebensmittelfarbe (nach Belieben)
200 g Naturjoghurt

VORBEREITUNGSZEIT: 5–10 Minuten, plus Marinierzeit

KOCHZEIT: 55–60 Minuten, plus Ruhezeit

1 Für die Tandooripaste die Knoblauch- und Ingwerpaste, Gewürze und Lebensmittelfarben in einer Schüssel mit dem Joghurt verrühren. Die Paste kann sofort verwendet oder in einem luftdicht verschlossenen Behälter bis zu 3 Tage im Kühlschrank aufbewahrt werden.

2 Das Hähnchen mit einem scharfen Messer rundum leicht einschneiden. Dann mit der Zitronenhälfte einreiben und das Salz in die Schnitte reiben. Das Fleisch in eine tiefe Schüssel geben, die Tandooripaste dazugeben und mit den Händen gut über das Fleisch verteilen und in die Schnitte reiben. Die Schüssel mit Frischhaltefolie bedecken und mindestens 4 Stunden, besser aber über Nacht, kalt stellen.

3 Den Backofen auf 200 °C vorheizen. Das Hähnchen mit der Brust nach oben auf einen Rost mit untergeschobener Fettpfanne legen und mit dem zerlassenen Ghee beträufeln. Das Hähnchen 45 Minuten backen, dann mit der Fettpfanne aus dem Ofen nehmen und den Ofen auf höchster Stufe erhitzen.

4 Vorsichtig das Fett aus der Fettpfanne abgießen, das Hähnchen zurück in den Ofen geben und weitere 10–15 Minuten garen, bis beim Anstechen der dicksten Stelle des Fleisches klarer Bratensaft austritt und die Tandooripaste knusprig braun ist.

5 Das Hähnchen aus dem Ofen nehmen, 10 Minuten ruhen lassen, dann tranchieren, mit den Korianderzweigen garnieren und mit den Zitronenspalten servieren.

Murgh makhani

BUTTER-HÄHNCHEN

Wenn es schnell gehen muss, wird dieses beliebte Gericht der Sikhs in Indien mit fertig vorbereitetem Tandoori-Hähnchen zubereitet. Sie können aber natürlich auch das Rezept auf der gegenüberliegenden Seite verwenden.

FÜR 4–6 PERSONEN

VORBEREITUNGSZEIT: 5–10 Minuten

KOCHZEIT: 25 Minuten

- 1 Zwiebel, gehackt
- 2 TL Knoblauchpaste
- 2 TL Ingwerpaste
- 480 g Tomatenstücke aus der Dose
- ¼–½ TL Chilipulver
- 1 Prise Zucker
- Salz
- 30 g Ghee oder 2 EL Pflanzen- oder Erdnussöl
- 50 ml kaltes Wasser
- 1 EL Tomatenmark
- 40 g Butter, klein gewürfelt
- ½ TL Garam masala
- ½ TL gemahlener Kreuzkümmel
- ½ TL gemahlener Koriander
- 1 fertig gebackenes Tandoori-Hähnchen, in 8 Teile zerlegt
- 4 EL Sahne
- 4 EL Cashewkerne, gehackt
- frische Korianderzweige, zum Garnieren

1. Die Zwiebel mit der Knoblauch- und der Ingwerpaste in einer Küchenmaschine oder im Mixer zu einer glatten Paste pürieren. Tomaten, Chilipulver, Zucker und eine Prise Salz zugeben und alles gut vermengen.

2. Das Ghee in einem Wok oder einer großen Pfanne bei mittlerer Hitze zerlassen. Die Tomatenmischung und das Wasser zugeben, dann das Tomatenmark einrühren.

3. Die Mischung unter Rühren zum Kochen bringen, die Hitze auf die niedrigste Stufe reduzieren und die Sauce unter gelegentlichem Rühren 5 Minuten köcheln lassen.

4. Die Hälfte der Butter sowie Garam masala, Kreuzkümmel und Koriander unterrühren. Die Hähnchenteile zugeben, sorgfältig untermengen und ca. 10 Minuten erhitzen.

5. Die Sahne in einer kleinen Schüssel verquirlen, dann unter ständigem Rühren mehrere Esslöffel der heißen Sauce untermengen. Die Crememischung unter die Tomatensauce rühren, die restliche Butter zufügen, bis sie schmilzt. Das Gericht mit Cashewkernen und Koriander garnieren und sofort servieren.

Murgh biryani

HÄHNCHEN-BIRYANI

In diesem Gericht, das aus den verschneiten Gebirgsausläufern des Himalayas stammt, wird der angenehm duftende Basmatireis mit den Aromen von Zimt, Kardamom und Sternanis ergänzt. Es wird in einem verschlossenen Topf gekocht, um die Aromen zu bewahren.

FÜR 4 PERSONEN

VORBEREITUNGSZEIT: 15 Minuten, plus Marinier- und Ziehzeit

KOCHZEIT: 1½ Stunden, plus Ruhezeit

100 g Naturjoghurt

je 1 EL Knoblauch- und Ingwerpaste

700 g enthäutete, entbeinte Hähnchenkeulen

1 EL weiße Mohnsamen

1 TL Kardamomsamen

2 TL Koriandersamen

½ Muskatblüte

2 Lorbeerblätter, zerzupft

½ TL schwarze Pfefferkörner

2,5-cm-Stück Zimtstange

4 Gewürznelken

50 g Ghee

1 große Zwiebel, in feinen Ringen

1½ TL Salz (oder nach Belieben)

Röstzwiebeln, zum Garnieren

REIS

1 Prise Safranfäden, zerstoßen

2 EL heiße Milch

1½ TL Salz

2 x 5-cm-Stücke Zimtstange

3 Sternanise

2 Lorbeerblätter, zerzupft

4 Gewürznelken

4 grüne Kardamomkapseln, zerdrückt

450 g Basmatireis, gewaschen

1 Joghurt mit Knoblauch- und Ingwerpaste in einer Schüssel mit einer Gabel aufschlagen. Das Hähnchen in eine nicht metallene Schüssel geben, die Joghurtmischung dazugeben und gut vermengen. Abdecken und zum Marinieren 2 Stunden in den Kühlschrank stellen.

2 Mohn-, Kardamom- und Koriandersamen, Muskatblüte, Lorbeerblätter, Pfefferkörner, Zimtstange und Gewürznelken in einer Gewürzmühle zu einem feinen Pulver zermahlen. Beiseitestellen.

3 Das Ghee in einer hitzebeständigen Kasserolle bei mittlerer Hitze zerlassen. Die Zwiebel hineingeben und unter häufigem Rühren 5 Minuten dünsten, bis sie goldbraun ist.

4 Die Hitze reduzieren und das Gewürzpulver 2–3 Minuten unter Rühren dünsten. Das marinierte Hähnchen sowie Salz zugeben und 2 Minuten unter Rühren dünsten. Den Herd abschalten und das Hähnchen abdecken.

5 Inzwischen, die Safranfäden mit der Milch in eine kleine Schüssel geben und 20 Minuten ziehen lassen.

6 Den Ofen auf 180 °C vorheizen. Wasser in einem großen Topf zum Kochen bringen und Salz und Gewürze für den Reis hineingeben. Den Reis in das kochende Wasser geben, aufkochen und 2 Minuten köcheln lassen. Abgießen, dabei die groben Gewürzstückchen entfernen und den Reis zum Huhn geben. Die Safran-Milch-Mischung darüberträufeln und 100 ml Wasser in die Kasserolle geben.

7 Die Kasserolle mit Alufolie abdecken, den Deckel auflegen und 45 Minuten auf der mittleren Schiene des vorgeheizten Ofens garen.

8 Den Ofen abschalten und die Kasserolle weitere 30 Minuten im Ofen stehen lassen. Das Biryani auf eine Servierplatte geben und mit den Röstzwiebeln garnieren.

2

3

4

Murgh xacuti

PIKANTES HÄHNCHEN NACH GOA-ART

Dieses klassische Hähnchengericht, das „shakutee" ausgesprochen wird, stammt von den Küsten Goas und steht auf den Speisekarten fast aller Restaurants in der Region. Es wird mit einer Mischung aus Kokosmilch, roten Chilis und Gewürzen zubereitet und am besten mit gedämpftem Reis und Mango-Chutney serviert.

FÜR 4 PERSONEN

VORBEREITUNGSZEIT: 20 Minuten

KOCHZEIT: 35–40 Minuten

- 6 schwarze Pfefferkörner
- 3 Gewürznelken
- 2 TL Fenchelsamen
- 4 getrocknete rote Chilis
- 1 TL Kardamomsamen
- 2 TL weiße Mohnsamen
- 2 Zimtstangen
- 2 TL Salz
- 1 TL gemahlene Kurkuma
- 1 TL gemahlener Kreuzkümmel
- 1 TL gemahlener Koriander
- 4 EL Pflanzen- oder Erdnussöl
- 1 Zwiebel, sehr fein gehackt
- 3 Knoblauchzehen, zerdrückt
- 600 g enthäutete, entbeinte Hähnchenkeulen, in mundgerechten Stücken
- 400 ml Kokosmilch
- 300 ml kaltes Wasser
- 1 TL Tamarindenpaste

1 Eine große, beschichtete Pfanne auf mittlerer Stufe erhitzen und die Pfefferkörner, Gewürznelken, Fenchelsamen, getrocknete rote Chilis, Kardamomsamen, Mohnsamen und Zimtstangen hineingeben. 1–2 Minuten scharf anbraten, dann vom Herd nehmen und abkühlen lassen.

2 Die abgekühlten Gewürze mit Salz, Kurkuma, Kreuzkümmel und Koriander in einer Gewürzmühle zu einem feinen Pulver zermahlen.

3 Das Öl in einem großen Topf erhitzen, Zwiebel und Knoblauch bei mittlerer Hitze 2–3 Minuten dünsten. Die Hitze auf hohe Stufe erhöhen und das Hähnchen zugeben. 5–6 Minuten scharf anbraten.

4 Die Gewürzmischung zugeben und 1–2 Minuten anbraten. Dann Kokosmilch und Wasser zugießen. Zum Kochen bringen, dann bei geringer bis mittlerer Hitze 15–20 Minuten köcheln lassen. Die Tamarindenpaste unterrühren und weitere 2–3 Minuten dünsten, bis das Hähnchen gar und weich ist. Sofort servieren.

TIPP

Man kann die Gewürzmischung im Voraus zubereiten und in einem luftdichten Behälter bis zu 2 Wochen aufbewahren.

Rista

FLEISCHBÄLLCHEN IN CREMIGER CASHEWSAUCE

Dieses köstliche Rezept stammt aus Kaschmir, dem nördlichsten Staat in Indien. Diese wunderschöne Region im Himalaya verfügt über ein reiches kulinarisches Erbe. Nach Kaschmir-Art zu kochen, ist eine Kunst für sich.

FÜR 4 PERSONEN

VORBEREITUNGSZEIT:
25–30 Minuten, plus Einweich- und Abkühlzeit

KOCHZEIT:
35–40 Minuten

- 125 g Cashewkerne
- 150 ml kochendes Wasser
- 450 g frisches, fettarmes Lammhackfleisch
- 1 EL Naturjoghurt
- 1 Ei, verquirlt
- ½ TL frisch gemahlene Kardamomsamen
- ½ TL frisch gemahlene Muskatnuss
- ½ TL Pfeffer
- ½ TL gerebelte Minze
- ½ TL Salz (oder nach Belieben)
- 300 ml kaltes Wasser
- 2,5-cm-Stück Zimtstange
- 5 grüne Kardamomkapseln
- 5 Gewürznelken
- 2 Lorbeerblätter
- 3 EL Pflanzen- oder Erdnussöl
- 1 Zwiebel, fein gehackt
- 2 TL Knoblauchpaste
- 1 TL gemahlener Ingwer
- 1 TL gemahlene Fenchelsamen
- ½ TL gemahlene Kurkuma
- ½–1 TL Chilipulver
- 150 g Sahne
- 1 EL ungesalzene Pistazien, zerstoßen, zum Garnieren

1. Die Cashewkerne 20 Minuten in kochendem Wasser einweichen.

2. Das Hackfleisch in eine Schüssel geben und Joghurt, Ei, gemahlene Kardamomsamen, Muskat, Pfeffer, Minze und Salz zugeben. Das Hackfleisch mit der Hand kneten, bis die Mischung glatt ist. Alternativ die Zutaten in eine Küchenmaschine geben und verarbeiten. Die Mischung 30–40 Minuten kalt stellen, dann in vier Portionen aufteilen. Aus jedem Teil mit den Händen fünf Bällchen (Koftas) formen.

3. Das kalte Wasser in einer großen, flachen Pfanne zum Kochen bringen und alle ganzen Gewürze sowie die Lorbeerblätter zugeben. Die Koftas nebeneinander in die Pfanne geben. Die Hitze auf mittlere Stufe reduzieren und abgedeckt 12–15 Minuten dünsten.

4. Die Fleischbällchen aus der Pfanne nehmen und warm halten. Die Gewürzflüssigkeit in eine Schüssel abseihen und beiseitestellen.

5. Die Pfanne auswischen und Öl hineingeben. Bei mittlerer Hitze die Zwiebel mit der Knoblauchpaste dünsten, bis die Mischung beginnt, braun zu werden. Ingwer, Fenchelsamen, Kurkuma und Chilipulver zugeben. 2–3 Minuten scharf anbraten, dann die Gewürzflüssigkeit mit den Fleischbällchen dazugeben. Zum Kochen bringen und bei geringer Hitze 10–12 Minuten abgedeckt köcheln lassen.

6. Inzwischen, die Cashewkerne mit dem Einweichwasser in einem Mixer pürieren und zusammen mit der Sahne zur Fleischbällchenmischung geben. Weitere 5–6 Minuten köcheln lassen. Vom Herd nehmen, mit den Pistazien garnieren und sofort servieren.

Keema mattar

WÜRZIGES LAMMHACK MIT ERBSEN

Wenn die kalten Winterwinde Nordindien erreichen, ist dieses rustikale Gericht mit Lammhackfleisch und Erbsen ein beliebtes Familiengericht, da es mit wärmenden Gewürzen zubereitet wird.

FÜR 4–6 PERSONEN

30 g Ghee oder 2 EL Pflanzen- oder Erdnussöl
2 TL Kreuzkümmelsamen
1 große Zwiebel, fein gehackt
½ TL Knoblauchpaste
½ TL Ingwerpaste
2 Lorbeerblätter
1 TL Currypulver, nach Belieben
2 Tomaten, entkernt und gehackt
1 TL gemahlener Koriander
¼–½ TL Chilipulver
¼ TL gemahlene Kurkuma
1 Prise Zucker
½ TL Salz
½ TL Pfeffer
500 g fettarmes Lammhackfleisch
250 g gefrorene Erbsen

VORBEREITUNGSZEIT: 5–10 Minuten

KOCHZEIT: 35–40 Minuten

1 Das Ghee in einer hitzebeständigen Kasserolle oder einer großen Pfanne mit Deckel zerlassen. Kreuzkümmel hinzufügen und unter Rühren 30 Sekunden dünsten, bis sie beginnen zu knistern.

2 Zwiebel, Knoblauch- und Ingwerpaste, Lorbeerblätter und Currypulver zugeben und scharf anbraten, bis das Fett sich absetzt.

3 Tomaten hineingeben und 1–2 Minuten dünsten. Koriander, Chilipulver, Kurkuma, Zucker, Salz und Pfeffer zugeben und 30 Sekunden einrühren.

4 Lammhackfleisch hinzufügen und aufkochen. Mit einem Holzlöffel das Fleisch zerteilen und 5 Minuten braten, bis es nicht mehr rosa ist. Die Hitze reduzieren und unter gelegentlichem Rühren 10 Minuten garen.

5 Erbsen zugeben und weitere 10–15 Minuten köcheln. Falls sich zu viel Flüssigkeit in der Pfanne befinden sollte, die Hitze erhöhen und einige Minuten kochen, bis die Sauce reduziert ist.

Gosht dhansak

LAMM-DHANSAK

Dieses Gericht mit einer sämigen Sauce aus eingekochten Linsen und Kürbis kommt bei vielen parsischen Familien auf den Tisch. Mit Reis und Naan gereicht, wird daraus eine vollwertige Mahlzeit.

FÜR 4–6 PERSONEN

VORBEREITUNGSZEIT: 20–25 Minuten, plus Ruhezeit

KOCHZEIT: 45–50 Minuten

- 700 g Lammschulter ohne Knochen, von Fett und Sehnen befreit, in 5 cm dicken Würfeln
- 2 TL Salz (oder nach Belieben)
- je ½ EL Knoblauch- und Ingwerpaste
- 5 grüne Kardamomkapseln
- 200 g gelbe Linsen (Toor Dhal)
- 100 g Kürbisfruchtfleisch, gewürfelt
- 1 Karotte, in feinen Scheiben
- 1 frische grüne Chili, entkernt und gehackt
- 1 TL gemahlene Bockshornkleesamen
- 500 ml kaltes Wasser, falls nötig mehr
- 1 große Zwiebel, in feinen Ringen
- 30 g Ghee oder 2 EL Pflanzen- oder Erdnussöl
- 2 Knoblauchzehen, zerdrückt
- frisch gehackter Koriander, zum Garnieren

DHANSAK MASALA

- 1 TL Garam masala
- ½ TL gemahlener Koriander
- ½ TL gemahlener Kreuzkümmel
- ½ TL Chilipulver
- ½ TL gemahlene Kurkuma
- ¼ TL gemahlener Kardamom
- ¼ TL gemahlene Gewürznelken

1 Das Lammfleisch mit 1 Teelöffel Salz in einen großen Topf geben, mit Wasser bedecken und dieses zum Kochen bringen. Die Hitze reduzieren, das Wasser nach Bedarf so lange abschäumen, bis sich kein neuer Schaum mehr bildet. Knoblauch- und Ingwerpaste und Kardamomkapseln unterrühren und alles 30 Minuten köcheln.

2 Inzwischen Linsen, Kürbisfleisch, Karotte, Chili und Bockshornklee in einen großen Topf geben und das Wasser zugießen. Unter gelegentlichem Rühren zum Kochen bringen, die Hitze reduzieren und alles 20–30 Minuten köcheln, bis die Linsen und die Karotte sehr weich sind. Bei Bedarf Wasser zufügen, damit die Linsen nicht ansetzen. Die Linsenmischung leicht abkühlen lassen, bevor sie in einer Küchenmaschine oder einem Mixer zu einer dickflüssigen, glatten Sauce verarbeitet wird.

3 Die Zwiebel in eine Schüssel geben, mit dem restlichen Salz bestreuen und 5 Minuten ziehen lassen. Mit den Händen die Flüssigkeit aus der Zwiebel drücken.

4 Das Ghee in einer großen Pfanne oder einem Bräter mit dicht schließendem Deckel bei starker Hitze zerlassen. Die Zwiebelringe darin unter Rühren 2 Minuten dünsten. Ein Drittel der Zwiebelringe herausnehmen, den Rest weitere 1–2 Minuten goldbraun braten. Dann rasch mit dem Schaumlöffel aus der Pfanne nehmen, da sie beim Abkühlen noch nachdunkeln. Beiseitestellen.

5 Die helleren Zwiebelringe mit dem Knoblauch zurück in die Pfanne geben. Alle Dhansak-Masala-Zutaten zugeben und unter Rühren 2 Minuten anbraten. Das Fleisch zugeben und 2 Minuten mitbraten. Die Linsensauce unterheben und auf mittlerer Stufe unter Rühren erhitzen, bei Bedarf Wasser zugeben. Mit Salz abschmecken, die restlichen Zwiebeln darüberstreuen, mit Koriander bestreuen und sofort servieren.

Kashmiri gosht

KASCHMIRI-LAMM IN FENCHELEINTOPF

Dieser langsam gegarte Lammeintopf aus Kaschmir im Norden Indiens ist recht einfach zuzubereiten. Kaschmir-Chilipulver ist in asiatischen Lebensmittelmärkten erhältlich, man kann es aber auch selbst herstellen, indem man getrocknete rote Kaschmir-Chilis in einer Gewürzmühle zu feinem Pulver zermahlt.

FÜR 4 PERSONEN

VORBEREITUNGSZEIT: 20 Minuten

KOCHZEIT: 2–2¼ Stunden

4 EL Pflanzen- oder Erdnussöl
2 Zwiebeln, halbiert und in dünne Scheiben geschnitten
600 g Lammschulter, ohne Knochen, von Fett und Sehnen befreit, in mundgerechte Stücke geschnitten
1 EL gemahlener Koriander
1 TL Kaschmir-Chilipulver
1 TL Salz
300 g Kartoffeln, halbiert
500 ml Lamm- oder Hühnerbrühe
200 g Sahne
4 EL gemahlene Mandeln
2 EL Fenchelsamen, zerstoßen
6 EL fein gehackter, frischer Koriander
2 EL fein gehackte, frische Minze

1 Das Öl in einer beschichteten Pfanne erhitzen und die Zwiebeln bei geringer Hitze unter Rühren 15–20 Minuten kochen, bis sie leicht angebräunt sind.

2 Die Hitze auf die höchste Stufe stellen, das Lamm zugeben und 4–5 Minuten scharf anbraten. Die Hitze auf mittlere Stufe reduzieren und Knoblauch, Ingwer, gemahlenen Koriander, Chilipulver und Salz zufügen. Unter Rühren 1–2 Minuten dünsten.

3 Kartoffeln und Brühe zugeben, die Pfanne abdecken und ca. ½ Stunden bei geringer Hitze köcheln lassen, bis das Lamm zart ist.

4 Den Deckel abnehmen, die Temperatur leicht erhöhen und Sahne und Mandeln unterrühren. Weitere 8–10 Minuten sanft köcheln, bis die Sauce gebunden und reduziert ist. Die Sauce jedoch nicht aufkochen, sonst flockt die Sahne.

5 Die Fenchelsamen in den Topf geben und weitere 3–4 Minuten sanft köcheln. Den Topf vom Herd nehmen, gehackten Koriander und Minze unterrühren und sofort servieren.

TIPP

Das leuchtend rote Kaschmir-Chilipulver, das Sie in indischen Lebensmittelläden bekommen, verleiht dem Gericht ein besonders authentisches Aroma.

1

2

4

1

2

4

Kolhapuri gosht

KOLHAPURI-HAMMELFLEISCH-CURRY

Dieses würzige Curry stammt aus der Stadt Kolhapur im westlichen Bundesstaat Maharashtra. Traditionell wird es mit Hammelfleisch zubereitet, aber zarter ist Lammfleisch. Dieses schmackhafte Curry mit frisch gekochtem Basmatireis servieren und ein kühlendes Gurken-Raita und würzig eingelegte Limetten dazu reichen.

FÜR 4 PERSONEN

VORBEREITUNGSZEIT: 15–20 Minuten, plus Abkühlzeit

KOCHZEIT: 2 Stunden

- 3 EL Pflanzen- oder Erdnussöl
- 600 g entbeinte Hammelschulter, von Fett und Sehnen befreit, in mundgerechte Würfel geschnitten
- 1 Zwiebel, in feinen Ringen
- 3 Knoblauchzehen, zerdrückt
- 1 EL frisch geriebene Ingwerwurzel
- 1 frische rote Chili, fein gehackt
- 1 EL gemahlene Kurkuma
- 12 frische Curryblätter
- 400 g Tomatenstücke aus der Dose
- 500 ml Lamm- oder Hühnerbrühe
- 100 ml Kokoscreme
- 3 EL fein gehackter, frischer Koriander, plus etwas mehr zum Garnieren

KOLHAPURI MASALA

- 2 EL Koriandersamen
- 1 EL Kreuzkümmelsamen
- 1 TL frische gemahlene Kardamomsamen
- 4 Knoblauchzehen
- 2 Zimtstangen
- 2 getrocknete rote Chilis
- ¼ TL frisch geriebene Muskatnuss

1. Für das Kolhapuri masala Koriandersamen, Kreuzkümmel, Kardamom, Knoblauchzehen und Zimtstangen in einer beschichteten Pfanne ohne Öl 1 Minute bei geringer Hitze rösten, bis sich die Aromen entfalten. Dabei die Pfanne schwenken. Die Pfanne vom Herd nehmen und abkühlen lassen. Die Gewürze mit getrockneten Chilis und Muskat in eine Gewürzmühle geben. Zu einem Pulver mahlen und beiseitestellen.

2. 1 Esslöffel Öl auf mittlerer bis hoher Stufe in einem Schmortopf erhitzen. Das Hammelfleisch portionsweise 3–4 Minuten anbraten. Das Fleisch mit einem Schaumlöffel aus der Pfanne nehmen und beiseitestellen.

3. Das restliche Öl in den Topf geben und die Hitze auf die mittlere Stufe reduzieren. Die Zwiebel unter Rühren 2–3 Minuten dünsten, bis sie weich ist. Knoblauch, Ingwer, frische Chili, Kurkuma und Curryblätter zufügen und 1 Minute erhitzen, bis sich die Aromen entfalten.

4. Das Kolhapuri masala zufügen und gut verrühren. Das Hammelfleisch zurück in den Topf geben und in der Zwiebelmischung wenden. Tomaten und Brühe hineingeben und aufkochen. Bei niedriger Hitze offen 1½ Stunden köcheln, bis das Fleisch weich ist.

5. Kokoscreme und 3 Esslöffel gehackten Koriander unterrühren und weitere 10 Minuten dünsten, bis die Sauce gebunden ist. Mit dem restlichen Koriander garniert sofort servieren.

TIPP

Frische Curryblätter lassen sich gut einfrieren. Man kann sie in einem verschlossenen Gefrierbeutel im Tiefkühlfach lagern.

Vindaloo

SCHWEIN MIT CHILI, ESSIG & KNOBLAUCH

Der Name Vindaloo stammt von zwei portugiesischen Wörtern ab: vin, was Essig bedeutet und alho, was Knoblauch heißt. Wenn die Portugiesen nach Indien reisten, nahmen sie Schweinefleisch, eingelegt in Essig, Knoblauch und Pfeffer mit, das mit indischen Gewürzen verfeinert wurde. So entstand dieses Gericht.

FÜR 4 PERSONEN

VORBEREITUNGSZEIT: 15–20 Minuten, plus Marinierzeit

KOCHZEIT: 1¼–1½ Stunden

- 2–6 rote Chilis, zerzupft
- 5 Knoblauchzehen
- 2,5-cm-Stück Zimtstange, zerbrochen
- 4 grüne Kardamomkapseln
- ½ TL schwarze Pfefferkörner
- ½ Muskatblüte
- ¼ Muskatnuss, grob zerstoßen
- 1 TL Kreuzkümmelsamen
- 1½ TL Koriandersamen
- ½ TL Bockshornkleesamen
- 2 TL Knoblauchpaste
- 1 EL Ingwerpaste
- 3 EL Apfel- oder Weißweinessig
- 3 EL Tamarindensaft oder Saft von ½ Limette
- 700 g entbeinte Schweinekeule, in 2,5 cm dicke Würfel geschnitten
- 4 EL Pflanzen- oder Erdnussöl, plus 2 TL
- 2 große Zwiebeln
- 300 ml warmes Wasser
- 1 TL Salz (oder nach Belieben)
- 1 TL brauner Zucker
- 2 große Knoblauchzehen, in feinen Scheiben
- 8–10 frische Curryblätter

1. Die ersten zehn Zutaten (alle Gewürze) in einer Gewürzmühle zu einem feinen Pulver zermahlen. Das Pulver in eine Schüssel geben und Knoblauch- sowie Ingwerpaste, Essig und Tamarindensaft zufügen. Zu einer glatten Paste vermengen.

2. Das Schweinefleisch in eine große, nicht metallene Schüssel geben und mit ca. einem Viertel der Gewürzpaste einreiben. Abdecken und zum Marinieren 30–40 Minuten in den Kühlschrank stellen.

3. Von dem Öl 4 Esslöffel in einem Schmortopf auf mittlerer Stufe erhitzen, Zwiebeln zufügen und unter häufigem Rühren 5 Minuten dünsten, bis die Zwiebeln leicht gebräunt sind. Die restliche Gewürzpaste zugeben und unter ständigem Rühren 5–6 Minuten mitdünsten. 2 Esslöffel Wasser zugeben und weiterkochen, bis es verdampft ist. Mit 2 weiteren Esslöffeln Wasser wiederholen.

4. Das marinierte Schweinefleisch hinzugeben und bei mittlerer bis hoher Hitze 5–6 Minuten dünsten. Salz, Zucker und restliches Wasser zufügen. Aufkochen und dann bei geringer Hitze 50–55 Minuten abgedeckt köcheln lassen.

5. Inzwischen 2 Teelöffel Öl in einem kleinen Topf auf geringer Stufe erhitzen. Den Knoblauch zufügen und unter Rühren dünsten, bis er beginnt, braun zu werden. Die Curryblätter zugeben und für 15–20 Sekunden mitdünsten. Die Knoblauchmischung zum Fleisch geben und sofort servieren.

KAPITEL 4

HÜLSENFRÜCHTE

Rasam

SÜDINDISCHE LINSENBRÜHE

Im Süden Indiens wird Reis zu fast allen Gerichten serviert. Meistens wird Reis mit dieser würzigen Linsenbrühe, begleitet von Pachadis (südindische Raitas) und getrocknetem Curry-Gemüse gereicht. Rasam ist von der Konsistenz her sehr dünn, weshalb es auch als Suppe gegessen werden kann.

FÜR 4 PERSONEN

VORBEREITUNGSZEIT: 10 Minuten

KOCHZEIT: 30–35 Minuten

- 100 g Toorlinsen (auch Straucherbsen, Toor dhal)
- 600 ml kaltes Wasser
- 1 TL gemahlene Kurkuma
- 2 EL Pflanzen- oder Erdnussöl
- 1 TL schwarze Senfkörner
- 6-8 frische Curryblätter
- 1 TL Kreuzkümmelsamen
- 1 frische grüne Chili
- 1 TL Tamarindenpaste
- 1 TL Salz

1. Die Toorlinsen unter kaltem Wasser abspülen und in einen Topf mit Wasser geben. Kurkuma und 1 Esslöffel Öl hinzugeben. Den Topf abdecken und 25–30 Minuten köcheln, bis die Linsen weich sind.

2. Das restliche Öl in einer Pfanne auf mittlerer Stufe erhitzen. Senfkörner, Curryblätter, Kreuzkümmelsamen, Chili und Tamarindenpaste zufügen. Wenn die Samen zu platzen beginnen, Pfanne vom Herd nehmen, alles zur Linsenmischung geben und vermengen. Mit Salz abschmecken.

3. Die Brühe 2–3 Minuten auf den Herd stellen und in kleine Servierschalen schöpfen. Sofort mit heißem Basmatireis servieren.

1

2

3

Tarka dal

LINSEN MIT KREUZKÜMMEL UND SCHALOTTEN

Dieses Gericht, traditionell bekannt als Tarka dhal, ist einfach zu kochen. Die gekochten Linsen werden hier mit landestypischen Gewürzen verfeinert.

FÜR 4 PERSONEN

VORBEREITUNGSZEIT: 10–15 Minuten

KOCHZEIT: 1 Stunde

- 200 g gespaltene rote Linsen (Masoor dhal)
- 850 ml kaltes Wasser
- 1 TL Salz (oder nach Belieben)
- 2 TL Pflanzen- oder Erdnussöl
- ½ TL schwarze oder braune Senfkörner
- ½ TL Kreuzkümmelsamen
- 4 Schalotten, fein gehackt
- 2 frische grüne Chilis, gehackt (nach Belieben entkernt)
- 1 TL gemahlene Kurkuma
- 1 TL gemahlene Kreuzkümmelsamen
- 1 frische Tomate, gehackt
- 2 EL frisch gehackter Koriander

1 Die Linsen in ein Sieb geben und unter fließendem, kaltem Wasser abspülen. Abtropfen und in einen Topf geben. Das Wasser zugießen und zum Kochen bringen. Die Hitze auf die mittlere Stufe reduzieren, den entstehenden Schaum bei Bedarf abschöpfen. Ohne Deckel 10 Minuten kochen. Den Deckel auflegen und bei geringer Hitze 45 Minuten köcheln lassen, dabei gelegentlich Rühren, um zu verhindern, dass die Linsen am Topfboden anbrennen, während die Flüssigkeit eindickt.

2 Inzwischen das Öl in einem kleinen Topf auf mittlerer Stufe erhitzen. Wenn es heiß ist, aber noch nicht raucht, die Senfkörner und die Kreuzkümmelsamen zufügen. Schalotten und Chilis zugeben und 2–3 Minuten unter Rühren dünsten, dann Kurkuma und Kreuzkümmel hineingeben. Die Tomate zugeben und unter Rühren 30 Sekunden dünsten.

3 Die Schalottenmischung mit den gekochten Linsen verrühren. Den Koriander untermischen, den Topf vom Herd nehmen und sofort servieren.

1

2

3

Moong dal khichdee

GELBE MUNGBOHNEN MIT PILAW-REIS

Dieses klassische Reis-Mungbohnen-Rezept aus Gujarati ist ein wunderbares, wärmendes Gericht. Es ist besonders lecker, wenn es mit einem Klecks Joghurt, eingelegten grünen Chilis (s. S. 50) und dem Lieblings-Chutney serviert wird. Gespaltene gelbe Mungbohnen müssen nicht eingeweicht werden.

FÜR 4 PERSONEN

200 g gespaltene gelbe Mungbohnen

200 g Basmatireis

25 g Ghee
oder 2 EL Pflanzen- oder Erdnussöl

6–8 schwarze Pfefferkörner

2 TL Kreuzkümmelsamen

4 Knoblauchzehen, fein gehackt

2 TL Salz

¼ TL gemahlene Kurkuma

1 l kochendes Wasser

VORBEREITUNGSZEIT: 10 Minuten

KOCHZEIT: 20–25 Minuten, plus Ziehzeit

1. Mungbohnen und Reis in ein Sieb geben und unter fließend kaltem Wasser abspülen. Abtropfen und beiseitestellen.

2. Das Ghee in einem Schmortopf bei mittlerer Hitze zerlassen. Die Mungbohnen-Reis-Mischung zugeben und 1–2 Minuten scharf anbraten.

3. Pfefferkörner, Kreuzkümmelsamen, Knoblauch, Salz und Kurkuma zufügen und 1–2 Minuten mitbraten. Dann das Wasser zugießen.

4. Zum Kochen bringen und mit dicht schließendem Deckel bei geringer Hitze 12–15 Minuten ohne Rühren kochen. Anschließend vom Herd nehmen und, ohne den Deckel abzunehmen, 12–15 Minuten ziehen lassen.

5. Zum Servieren den Deckel abnehmen und den Reis mit zwei Gabeln vorsichtig auflockern. Sofort servieren.

TIPP

Variante: Die gespaltenen gelben Mungbohnen durch gespaltene rote Linsen (Masoor Dhal) ersetzen.

Ma ki dal

PIKANTE SCHWARZE LINSEN

Dieses reichhaltige Linsengericht erhält durch die Verwendung ungeschälter schwarzer Linsen anstelle von halbierten Linsen eine sämige Konsistenz. Wegen der zeitaufwendigen Zubereitung eignet es sich eher für Festessen.

FÜR 4–6 PERSONEN

250 g ungeschälte schwarze Linsen (Urad Dhal Sabat)
120 g getrocknete Kidneybohnen
4 Knoblauchzehen, halbiert
4 schwarze Kardamomkapseln, grob zerstoßen
2 Lorbeerblätter
1 Zimtstange
120 g Butter
¾ TL Knoblauchpaste
¾ TL Ingwerpaste
2 EL Tomatenmark
½ TL Chilipulver
1 Prise Zucker
150 g Sahne
Salz
frische Korianderblätter, zum Garnieren

VORBEREITUNGSZEIT: 10–15 Minuten, plus Einweichzeit

KOCHZEIT: 3½ Stunden

1. Linsen und Kidneybohnen in zwei separate Schüsseln geben, mit reichlich Wasser bedecken und mindestens 3 Stunden oder am besten über Nacht einweichen.

2. Inzwischen Knoblauchzehen, Kardamomkapseln, Lorbeerblätter und Zimtstange auf ein Stück Musselin legen und zu einem Bündel zusammenbinden.

3. Die Linsen und die Kidneybohnen getrennt abgießen. Die Kidneybohnen mit der doppelten Menge Wasser in einen großen Topf geben und zum Kochen bringen, 10 Minuten köcheln und dann gründlich abtropfen lassen.

4. Die Kidneybohnen zurück in den Topf geben, die schwarzen Linsen zugeben und mit der doppelten Menge Wasser bedecken. Den Gewürzbeutel zugeben und das Wasser bei starker Hitze zum Kochen bringen. Die Hitze reduzieren und die Hülsenfrüchte auf niedriger Stufe mit lose aufgelegtem Deckel 3 Stunden köcheln lassen, dabei das Wasser nach Bedarf abschäumen, bis Bohnen und Linsen sehr weich und zu einer dicken Paste eingekocht sind. Die Hülsenfrüchte während des Köchelns alle 15 Minuten mit einem Holzlöffel an der Seite des Topfs zerdrücken. Wasser hinzufügen, wenn nötig.

5. Wenn die Hülsenfrüchte fast fertig gegart sind, den Gewürzbeutel herausnehmen und abkühlen lassen.

6. Die Butter in einem kleinen Topf zerlassen. Knoblauch- und Ingwerpaste zugeben und 1 Minute umrühren. Tomatenmark, Chilipulver, Zucker und nach Belieben Salz unterrühren und 2–3 Minuten köcheln.

7. Den abgekühlten Gewürzbeutel über dem Topf mit den Hülsenfrüchten gut ausdrücken. Die Butter-Gewürz-Mischung und die Sahne bis auf 2 Esslöffel unter die Hülsenfrüchte rühren. Das Gericht kurz aufkochen, dann bei reduzierter Hitze unter gelegentlichem Rühren weitere 10 Minuten köcheln lassen.

8. Das Gericht in eine Servierschüssel geben und vor dem Servieren mit der restlichen Sahne und dem Koriander garnieren.

Khichdee

KITCHRI

Dieses Gericht ergibt, mit warmem Brot und einem Raita serviert, eine leichte Mahlzeit, lässt sich aber auch ausgezeichnet mit anderen vegetarischen Gerichten kombinieren.

FÜR 4–6 PERSONEN

- 225 g Basmatireis
- 250 g gespaltene rote Linsen (Masoor dhal)
- 30 g Ghee oder 2 EL Pflanzen- oder Erdnussöl
- 1 große Zwiebel, fein gehackt
- 2 TL Garam masala
- 1½ TL Salz (oder nach Belieben)
- 1 Prise gemahlener Asant
- 850 ml kaltes Wasser
- 2 EL frisch gehackter Koriander

VORBEREITUNGSZEIT: 5–10 Minuten, plus Einweichzeit

1 Den Basmatireis unter fließendem Wasser waschen, bis das Wasser klar bleibt, dann in eine Schüssel geben, mit Wasser bedecken und 30 Minuten einweichen. Abgießen und bis zum Kochen beiseitestellen.

2 Inzwischen die Linsen in ein Sieb geben und unter kaltem fließenden Wasser abspülen. Abtropfen und beiseitestellen.

3 Das Ghee in einem großen Topf oder Bräter bei mittlerer Hitze zerlassen. Die Zwiebel zugeben und unter häufigem Rühren 5–8 Minuten dünsten, bis sie glasig ist.

4 Reis und Linsen zusammen mit Garam masala, Salz und Asant zugeben und 2 Minuten anbraten. Das Wasser zugießen und unter Rühren zum Kochen bringen.

KOCHZEIT: 35–40 Minuten, plus Ruhezeit

5 Die Hitze auf die niedrigste Stufe reduzieren, den Deckel auflegen und die Reis-Linsen-Mischung, ohne den Deckel zu abzunehmen, 20 Minuten köcheln, bis der Reis gar und die Flüssigkeit vollständig eingekocht ist. Den Topf vom Herd nehmen und abgedeckt 5 Minuten ruhen lassen.

6 Mit einer Gabel den Reis auflockern. Den Koriander unterheben, das Gericht nach Belieben abschmecken und sofort servieren.

Cholar dal

PIKANTE BENGALISCHE LINSEN

Traditionell wird dieses würzige Gericht aus Bengalen während religiöser Zeremonien gereicht. Es schmeckt besonders gut mit Puris oder Reis. Die gespaltenen gelben Linsen namens Chana dhal muss man vor dem Kochen nicht über Nacht einweichen.

FÜR 4 PERSONEN

VORBEREITUNGSZEIT: 15 Minuten

KOCHZEIT: 40–45 Minuten

- 250 g gespaltene gelbe Linsen (Chana dhal)
- 850 ml kaltes Wasser, plus etwas mehr, falls benötigt
- 80 g Ghee
- 1 kleine Zwiebel, sehr fein gehackt
- 2 frische grüne Chilis, längs eingeschnitten
- 1 EL gemahlener Koriander
- 1 TL gemahlene Kreuzkümmelsamen
- 2 Lorbeerblätter
- 1 TL scharfes Chilipulver
- 1 TL gemahlene Kurkuma
- 2 getrocknete rote Chilis
- 2 Knoblauchzehen, in sehr feinen Scheiben
- 2 EL frisch geriebene Ingwerwurzel
- 1 EL Rosinen
- 2 TL Salz
- 2 EL leicht geröstete Kokosraspel, zum Garnieren

1. Die Linsen in ein Sieb geben und unter fließend kaltem Wasser abspülen. Anschließend abtropfen lassen.

2. Die Linsen mit dem Wasser in einen Topf geben, gut umrühren und zum Kochen bringen. Den entstehenden Schaum bei Bedarf abschöpfen. Die Hitze reduzieren und unter häufigem Rühren 35–40 Minuten köcheln lassen, bis die Linsen gerade weich sind. Wasser nachgießen, falls nötig.

3. Den Topf vom Herd nehmen und die Linsen mit einem Schneebesen verrühren, damit sie eine cremige Konsistenz bekommen. Beiseitestellen und warm halten.

4. Inzwischen das Ghee in einer beschichteten Pfanne bei mittlerer Hitze zerlassen. Die Zwiebel zugeben und 4–5 Minuten scharf anbraten.

5. Die frischen grünen Chilis, Koriander, Kreuzkümmel, Lorbeerblätter, Chilipulver, Kurkuma, getrocknete Chilis, Knoblauch und Ingwer zufügen und 1–2 Minuten scharf anbraten. Die Rosinen zufügen und unter Rühren 30 Sekunden weiterdünsten.

6. Vom Herd nehmen und die Gewürzmischung über die Linsen geben. Das Salz zugeben, gut umrühren und erhitzen. Mit den Kokosflocken garnieren und sofort servieren.

2

5

6

Khatti meethi dal

SÜSSSAURE LINSEN

Indische Köche scheinen nie um Ideen verlegen zu sein, um aus einfachen, günstigen Zutaten besondere Gerichte zu zaubern. Dies ist ein weiteres Rezept, um gelbe Linsen mit den süßen Aromen von Kokosnuss und Zucker sowie dem säuerlichen Geschmack von Asant und Tamarinde nach bengalischer Art zuzubereiten.

FÜR 4 PERSONEN

- 250 g gespaltene gelbe Linsen (Chana Dhal)
- 1,2 l kaltes Wasser
- 2 Lorbeerblätter, zerzupft
- 3 frische grüne Chilis, längs aufgeschlitzt
- ½ TL gemahlene Kurkuma
- ½ TL gemahlener Asant
- 3 EL Pflanzen- oder Erdnussöl
- ½ Zwiebel, fein gehackt
- 2-cm-Stück Ingwerwurzel, fein gehackt
- 30 g Kokoscreme, geraspelt
- 1 frische grüne Chili, gehackt (nach Belieben entkernt)
- 1½ EL Zucker
- 1½ EL Tamarindenpaste (oder nach Belieben)
- ½ TL Garam masala
- ¼ TL gemahlener Kreuzkümmel
- ¼ TL gemahlener Koriander
- Salz

GARNIERUNG

- 15 g Ghee, zerlassen
- 1 TL Garam masala
- 2 EL frisch gehackter Koriander

VORBEREITUNGSZEIT: 5–10 Minuten

KOCHZEIT: 1 Stunde

1. Die Linsen in ein Sieb geben und unter fließendem Wasser abspülen. Abtropfen und mit dem Wasser in einen großen Topf geben. Das Wasser zum Kochen bringen und den entstehenden Schaum bei Bedarf abschöpfen. Wenn sich kein Schaum mehr bildet, Lorbeerblätter, die ganzen Chilis, Kurkuma und Asant unterrühren. Die Linsen mit lose aufgelegtem Deckel 40 Minuten köcheln lasssen, bis sie weich, aber nicht zu Brei zerkocht sind und die gesamte Flüssigkeit eingekocht ist.

2. Inzwischen das Öl in einer großen Pfanne auf mittlerer Stufe erhitzen. Zwiebel und Ingwer zugeben und unter häufigem Rühren 5–8 Minuten dünsten. Kokoscreme, gehackte Chili, Zucker, Tamarindenpaste, Garam masala, Kreuzkümmel und Koriander zufügen und ca. 1 Minute mitbraten.

3. Die fertig gegarten Linsen zu der Gewürzmischung geben und alles gut vermengen. Die Linsen nach Belieben mit Salz, zusätzlichem Zucker und Tamarindenpaste abschmecken.

4. Das Gericht in eine Servierschüssel geben, mit zerlassenem Ghee beträufeln, mit Garam masala bestreuen und mit frischem Koriander garnieren. Sofort servieren.

TIPP

Linsen sollten erst nach dem Garen gesalzen werden. Wenn man das Salz zu früh zugibt, zieht es alle Flüssigkeit aus den Linsen, was sie schwer verdaulich macht.

Masala dal

GEMISCHTE HÜLSENFRÜCHTE MIT FÜNF GEWÜRZEN

Die bengalische Gewürzmischung Panch phoran besteht aus fünf Gewürzen. Sie ist eine typische Kombination von Gewürzen, wie sie in Ost- und Nordostindien verwendet werden. Bei diesem Gericht werden die ganzen Gewürze kurz in heißem Öl angebraten und über die gekochten Hülsenfrüchte gegeben.

FÜR 4–6 PERSONEN

VORBEREITUNGSZEIT: 5–10 Minuten

KOCHZEIT: 30–35 Minuten

- 125 g gespaltene rote Linsen (Masoor dhal)
- 125 g gespaltene gelbe Mungbohnen (Moong dhal)
- 850 ml heißes Wasser, plus etwas mehr, falls nötig
- 1 TL gemahlene Kurkuma
- 1 TL Salz
- 1 EL Zitronensaft
- 2 EL Pflanzen- oder Erdnussöl
- ¼ TL schwarze Senfkörner
- ¼ TL Kreuzkümmelsamen
- ¼ TL Schwarzkümmelsamen
- ¼ TL Fenchelsamen
- 4–5 Bockshornkleesamen
- 2–3 getrocknete rote Chilis

GARNITUR

- 1 kleine Tomate, entkernt und in Streifen geschnitten
- frische Korianderzweige

1 Die Linsen zusammen mit den Mungbohnen in ein Sieb geben und unter fließend kaltem Wasser abspülen. Abgießen und mit dem Wasser in einen Topf geben. Das Wasser zum Kochen bringen, dann die Hitze leicht reduzieren und 5–6 Minuten köcheln lassen. Den entstehenden Schaum bei Bedarf abschöpfen. Wenn sich kein neuer Schaum mehr bildet, Kurkuma zugeben und die Hitze auf niedrige Stufe stellen. Abgedeckt 20 Minuten kochen. Salz und Zitronensaft zugeben und alles mit einem Schneebesen aufschlagen. Etwas mehr Wasser zufügen, falls das Gericht zu dick sein sollte.

2 Das Öl in einem kleinen Topf auf mittlerer Stufe erhitzen. Wenn es heiß ist, aber noch nicht raucht, die Senfkörner zufügen. Sobald sie zu platzen beginnen, die Hitze auf niedrige Stufe reduzieren und Kreuzkümmel-, Schwarzkümmel-, Fenchel- und Bockshornkleesamen sowie die getrockneten Chilis zugeben. Die Gewürze rühren, bis die Samen beginnen zu platzen und die Chilis geschwärzt sind. Sofort vom Herd nehmen.

3 Die gekochten Hülsenfrüchte in eine Servierschale geben und die Gewürzmischung darübergeben. Mit Tomatenstreifen und Korianderzweigen garnieren und sofort servieren.

Vatana gashi

KICHERERBSEN IN KOKOSMILCH

Dieses einfache, aber leckere Gericht stammt von der Südküste Indiens. Traditionell wird dieses Gericht mit getrockneten Kichererbsen zubereitet, aber Kichererbsen aus der Dose sind auch eine gute Alternative.

FÜR 4 PERSONEN

300 g Kartoffeln, in 1 cm dicke Würfel geschnitten

250 ml heißes Wasser

480 g Kichererbsen aus der Dose, abgetropft und abgespült

250 ml Kokosmilch

1 TL Salz

2 EL Pflanzen- oder Erdnussöl

4 große Knoblauchzehen, fein gehackt oder zerdrückt

2 TL gemahlener Koriander

½ TL gemahlene Kurkuma

½–1 TL Chilipulver

Saft von ½ Zitrone

VORBEREITUNGSZEIT: 5–10 Minuten

KOCHZEIT: 15–20 Minuten

1 Die Kartoffeln in einen Topf geben und das Wasser zugießen. Zum Kochen bringen, dann bei geringer Hitze abgedeckt 6–7 Minuten köcheln lassen, bis Kartoffeln fast durch sind. Die Kichererbsen zufügen und ohne Deckel 3–4 Minuten kochen, bis die Kartoffeln gar sind. Kokosmilch und Salz zugeben und langsam köcheln lassen.

2 Inzwischen das Öl in einem kleinen Topf auf niedriger Stufe erhitzen. Den Knoblauch hineingeben und unter häufigem Rühren dünsten, bis er beginnt, braun zu werden. Koriander, Kurkuma und Chilipulver zugeben und 25–30 Sekunden unter Rühren mitdünsten.

3 Die Gewürz-Öl-Mischung unter die Kichererbsen ziehen. Den Zitronensaft unterrühren und vom Herd nehmen. Sofort servieren.

TIPP

Man kann grüne Bohnen oder eine Mischung aus grünen Bohnen und Karotten anstelle der Kartoffeln verwenden.

Chhole tamattar

KICHERERBSEN IN WÜRZIGER TOMATENSAUCE

Im Punjab isst man das ganze Jahr über Kichererbsen. Hier werden sie als vielseitiger Salat zubereitet, den man als leichte Vorspeise oder als Bestandteil einer vegetarischen Mahlzeit genießt.

FÜR 4–6 PERSONEN

VORBEREITUNGSZEIT: 10–15 Minuten

KOCHZEIT: 25–30 Minuten

- 6 EL Pflanzen- oder Erdnussöl
- 2 TL Kreuzkümmelsamen
- 3 große Zwiebeln, fein gehackt
- 1 TL Knoblauchpaste
- 1 TL Ingwerpaste
- 2 kleine, frische grüne Chilis, entkernt, in feinen Ringen
- 1½ TL Mangopulver (Aamchoor)
- 1½ TL Garam masala
- ¾ TL gemahlener Asant
- ½ TL gemahlene Kurkuma
- ¼–1 TL Chilipulver
- 3 große, feste Tomaten (ca. 450 g), gerieben
- 800 g Kichererbsen aus der Dose, abgespült und abgetropft
- 6 EL Wasser
- 300 g frischer Spinat, gewaschen
- ½ TL Salz

1 Das Öl in einer großen Pfanne auf mittlerer Stufe erhitzen. Die Kreuzkümmelsamen darin 30 Sekunden rühren, bis sie bräunen und zu knistern beginnen. Vorsicht: Sie brennen leicht an.

2 Dann sofort Zwiebeln, Knoblauch- und Ingwerpaste und Chilis zugeben und unter häufigem Rühren 5–8 Minuten dünsten, bis die Zwiebeln gebräunt sind.

3 Mangopulver, Garam masala, Asant, Kurkuma und Chilipulver unterrühren. Die Tomaten in die Pfanne geben und unter häufigem Rühren mitgaren, bis sich alle Zutaten zu einer dickflüssigen Sauce verbinden und diese leicht zu bräunen beginnt.

4 Kichererbsen und Wasser unterrühren und zum Kochen bringen. Die Hitze auf niedrigste Stufe reduzieren und etwa ein Viertel der Kichererbsen mit einem Holzlöffel oder Kartoffelstampfer zerdrücken; den Rest ganz lassen.

5 Den Spinat mit dem daran haftenden Wasser in die Pfanne geben und unterrühren, bis die Blätter zusammenfallen und gar sind. Mit Salz abschmecken und nach Belieben noch Gewürze zufügen. Sofort servieren.

TIPP

Tomaten zu reiben, ist eine praktische Methode, um die zähe Haut zu entfernen, ohne die Tomaten aufwendig häuten zu müssen.

1

2

4

Chaat

KICHERERBSEN MIT KARTOFFELN UND PIKANTEM JOGHURT

Dieses Gericht findet man in ganz Indien. Die Basis dafür bilden knusprig frittierte Kräcker, sogenannte *Panipuri*, die man in asiatischen Lebensmittelmärkten erhält. Falls Sie diese nicht bekommen sollten, können Sie andere dünne Weizenkräcker dafür verwenden. Sev sind dünne Stücke aus gewürztem und frittiertem Kichererbsenmehl.

FÜR 4 PERSONEN

200 g getrocknete Kichererbsen
400 g Naturjoghurt
1 TL frisch geriebene Ingwerwurzel
1 TL Chilipulver
½ TL gemahlener Kreuzkümmel
½ TL gemahlener Koriander
1 TL Salz
¼ TL Pfeffer
32 Panipuris oder dünne Weizenkräcker
2 große Kartoffeln, geschält, gekocht und grob gestampft
5 EL süße Chilisauce
5 EL Koriander-Chutney (s. S. 40)
1 kleine rote Zwiebel, sehr fein gewürfelt
4 EL fein gehackter, frischer Koriander
4 EL Sev
2 EL Granatapfelsamen

VORBEREITUNGSZEIT: 20 Minuten, plus Einweichzeit

KOCHZEIT: 25–30 Minuten

1. Die Kichererbsen in einer Schüssel mit kaltem Wasser 6–8 Stunden oder über Nacht einweichen. Abtropfen, anschließend die Kichererbsen in einen Topf mit kaltem Wasser geben und zum Kochen bringen. 25–30 Minuten kochen, bis sie weich sind. Gut abtropfen lassen und beiseitestellen.

2. Den Joghurt in einer Schüssel aufschlagen, bis er glatt ist. Ingwer, Chilipulver, Kreuzkümmel, gemahlenen Koriander, Salz und Pfeffer unterrühren und beiseitestellen.

3. Jedes Panipuri vorsichtig mit einer Gabel aufbrechen, sodass eine kleine Öffnung an der Oberseite entsteht. Die Panipuris nebeneinander auf eine große Servierplatte geben.

4. 1 Teelöffel Kartoffeln auf jedes Panipuri geben Die Kichererbsen auf die Panipuris aufteilen und mit dem gewürzten Joghurt beträufeln. Die süße Chilisauce und das Koriander-Chutney mit einem Löffel auf die Panipuris geben. Zwiebel, gehackten Koriander und Sev darüberstreuen. Zum Schluss die Granatapfelsamen darübergeben und sofort servieren.

TIPP

Die Kichererbsen sowie den gewürzten Joghurt kann man vorbereiten, aber der Rest muss direkt vor dem Servieren zubereitet werden.

Rajma

KIDNEYBOHNEN-CURRY

Dieses ballaststoffreiche Gericht aus Nordindien wird am besten mit Reis und warmem Fladenbrot serviert. Es kann sehr gut einen Tag zuvor zubereitet werden. Dazu das Gericht einfach bis zum Ende von Schritt 3 vorbereiten. Zum Servieren einfach aufwärmen und Joghurt sowie gehackten Koriander zugeben.

FÜR 4 PERSONEN

- 2 EL Pflanzen- oder Erdnussöl
- 2 TL Kreuzkümmelsamen
- 2 Zwiebeln, fein gehackt
- 2 TL frisch geriebene Ingwerwurzel
- 6 Knoblauchzehen, zerdrückt
- 2 frische grüne Chilis, fein gehackt
- 2 große Tomaten, grob gehackt
- 2 TL gemahlener Koriander
- 1 TL gemahlener Kreuzkümmel
- ¼ TL gemahlene Kurkuma
- 1 TL Garama masala
- 800 g Kidney-Bohnen, abgetropft und abgespült
- 1 TL Palmzucker
- 500 ml warmes Wasser
- 1 TL Salz
- 4 EL fein gehackter, frischer Koriander, zum Garnieren
- Naturjoghurt, zum Servieren

VORBEREITUNGSZEIT: 20 Minuten

1 Das Öl in einem großen Topf erhitzen und Kreuzkümmelsamen zugeben. Wenn sie aufhören zu knistern, die Zwiebeln zufügen und anbraten, bis sie weich sind.

2 Ingwer und Knoblauch hinzufügen und 2 Minuten mitbraten. Grüne Chilis, Tomaten, gemahlenen Koriander, Kreuzkümmel, Kurkuma und Garam masala zugeben und 12–15 Minuten scharf braten.

KOCHZEIT: 30–35 Minuten

3 Kidneybohnen, Palmzucker, Wasser und Salz zugeben und 10–12 Minuten kochen, bis die Bohnen weich sind.

4 Vom Herd nehmen und in eine Servierschale geben. Mit dem gehackten Koriander garnieren und mit einem Klecks Joghurt servieren.

TIPP

In diesem Rezept werden Bohnen aus der Dose verwendet. Wenn Sie getrocknete Bohnen nehmen, kochen Sie diese anhand der Packungsangaben.

1

2

3

KAPITEL 5

REIS & BROT

Pulao

PILAW-REIS

Der farbenfrohe Pilaw-Reis ist die perfekte Beilage zu einer ganzen Reihe indischer Gerichte. Für den authentischen Geschmack und die richtige Konsistenz ist es wichtig, Basmatireis zu verwenden. Geben Sie nicht der Versuchung nach, die Einweichzeit zu überspringen.

FÜR 2–4 PERSONEN

VORBEREITUNGSZEIT: 5 Minuten, plus Einweichzeit

KOCHZEIT: 25–30 Minuten

- 200 g Basmatireis
- 30 g Ghee
- 3 grüne Kardamomkapseln
- 2 Gewürznelken
- 3 schwarze Pfefferkörner
- ½ TL Salz
- ½ TL Safranfäden
- 400 ml kaltes Wasser

1 Den Reis gründlich waschen. Dabei häufig das Wasser wechseln, bis es klar bleibt. Dann den Reis in einer Schüssel mit frischem, kaltem Wasser 30 Minuten einweichen. Abtropfen lassen und beiseitestellen.

2 Das Ghee in einem Schmortopf bei mittlerer bis hoher Hitze zerlassen. Kardamomkapseln, Gewürznelken und Pfefferkörner zugeben und 1 Minute scharf anbraten. Den Reis zugeben und 2 Minuten mitbraten.

3 Salz, Safran und Wasser zur Reismischung geben. Zum Kochen bringen und anschließend bei geringer Hitze abgedeckt 20 Minuten köcheln lassen, bis das Wasser vollständig aufgesogen wurde.

4 Mit einer Gabel die Reiskörner auflockern. Den Reis in eine große Servierschale geben und heiß servieren.

TIPP

Entfernen Sie vor dem Servieren die großen Gewürzstückchen, da diese bitter schmecken, wenn man hineinbeißt.

1

3

5

Dahi bhaat

PIKANTER REIS MIT JOGHURT UND GURKE

Dieses herrliche Gericht aus dem Süden Indiens besteht aus Reis, gewürztem Joghurt und einer Gurkenmischung. Abgerundet wird es mit einem erhitzten Gewürzöl. Als eigenständiges Gericht, mit Currygemüse oder frischem Relish servieren.

FÜR 4 PERSONEN

VORBEREITUNGSZEIT: 25 Minuten

KOCHZEIT: 15 Minuten, plus Ziehzeit

- 300 g Basmatireis
- 50 g Ghee
- 2 TL Salz
- 600 ml kochendes Wasser
- 2 frische grüne Chilis, längs aufgeschlitzt und entkernt
- 1 EL fein gehackte, frische Ingwerwurzel
- 4 EL kaltes Wasser
- 400 g Naturjoghurt, aufgeschlagen
- 6 EL fein gehackter, frischer Koriander
- 1 TL Zucker
- ½ Gurke, fein gewürfelt
- 1 TL weiße Linsen (Urad dhal), nach Belieben
- 2 TL schwarze Senfkörner
- 2 TL Kreuzkümmelsamen
- 2 getrocknete rote Chilis
- 6–8 Curryblätter
- 2 Knoblauchzehen, in sehr feinen Scheiben

1. Den Reis mit 15 g Ghee und 1 Teelöffel Salz in einen Schmortopf geben und mit dem kochenden Wasser begießen. Aufkochen und anschließend bei geringer Hitze und mit dicht schließendem Deckel 10–12 Minuten köcheln lassen. Vom Herd nehmen und, ohne den Deckel abzunehmen, 12–15 Minuten ziehen lassen.

2. Inzwischen die Chilis mit dem Ingwer und dem kalten Wasser in einer Gewürzmühle oder einer kleinen Küchenmaschine verarbeiten, bis eine glatte Paste entsteht.

3. Den Joghurt in eine große Schüssel geben und die Chilimischung, Koriander, Zucker, Gurke und das restliche Salz hineingeben. Gut vermengen.

4. Wenn der Reis lange genug gezogen hat, den Deckel abnehmen und mit einer Gabel die Körner auflockern. In eine Servierschüssel geben und mit einem Löffel die Joghurtmischung darübergeben und schwenken, um alles gut zu vermengen.

5. Das restliche Ghee in einer Pfanne zerlassen. Sobald es heiß ist, die weißen Linsen nach Belieben zufügen. Dann Senfkörner und Kreuzkümmelsamen dazugeben. Wenn sie zu platzen beginnen, die getrockneten Chilis, Curryblätter und Knoblauch hinzufügen. Für 30–40 Sekunden scharf anbraten, dann vom Herd nehmen und das Gewürzöl über die Reismischung geben. Schwenken, um alles gut zu vermengen, und warm servieren.

TIPP

Übrig gebliebener Reis eignet sich perfekt für dieses Rezept. Einfach vor dem Servieren aufwärmen.

Nimbu chawal

BASMATIREIS MIT ZITRONENNOTE

In diesem Reisrezept sind die Basmatireiskörner mit gelber Kurkumawurzel gefärbt und mit schwarzen Senfkörnern gewürzt. Das Hauptaroma kommt aber von den Curryblättern, die typisch für die südindische Küche sind.

FÜR 4 PERSONEN

225 g Basmatireis
2 EL Pflanzen- oder Erdnussöl
½ TL schwarze oder braune Senfkörner
10–12 frische Curryblätter
25 g Cashewkerne
¼ TL gemahlene Kurkuma
1 TL Salz
450 ml kochendes Wasser
2 EL Zitronensaft
1 EL frisch geschnittener Schnittlauch, zum Garnieren

VORBEREITUNGSZEIT: 5 Minuten, plus Einweichzeit

KOCHZEIT: 12 Minuten, plus Ziehzeit

1 Den Reis gründlich waschen. Dabei häufig das Wasser wechseln, bis es klar bleibt. Dann den Reis in eine Schüssel mit frischem, kaltem Wasser geben und 20 Minuten einweichen. Abtropfen lassen und beiseitestellen.

2 Das Öl in einem beschichteten Topf auf mittlerer Stufe erhitzen. Wenn es heiß ist, aber noch nicht raucht, Senfkörner, Curryblätter und Cashewkerne in dieser Reihenfolge zugeben.

3 Das Kurkumapulver unterrühren und direkt danach Reis und Salz zugeben. Unter Rühren 1 Minute dünsten, dann das heiße Wasser und den Zitronensaft zufügen. Einmal umrühren, zum Kochen bringen und die Mischung weitere 2 Minuten kochen.

4 Mit dicht schließendem Deckel bei sehr geringer Temperatur 8 Minuten köcheln lassen. Den Herd abschalten und 6–7 Minuten ziehen lassen, ohne den Deckel anzuheben.

5 Mit einer Gabel den Reis auflockern. In eine Servierschüssel geben, mit dem Schnittlauch garnieren und sofort servieren.

Chaunke hue chawal

GEWÜRZTER BASMATIREIS

Dieses raffiniert gewürzte Reisgericht stammt aus Rajasthan im Norden Indiens. Es passt besonders gut zu Lammrezepten. Es empfiehlt sich, die großen Gewürzstückchen vor dem Servieren zu entfernen.

FÜR 4–6 PERSONEN

225 g Basmatireis

30 g Ghee
oder 2 EL Pflanzen- oder Erdnussöl

5 grüne Kardamomkapseln,
grob zerstoßen

5 Gewürznelken

½ Zimtstange

1 TL Fenchelsamen

½ TL schwarze Senfkörner

2 Lorbeerblätter

450 ml Wasser

1½ TL Salz (oder nach Belieben)

Pfeffer

VORBEREITUNGSZEIT: 5 Minuten, plus Einweichzeit

KOCHZEIT: 10–12 Minuten, plus Ruhezeit

1 Den Reis gründlich waschen. Dabei häufig das Wasser wechseln, bis es klar bleibt. Mit frischem Wasser bedeckt 30 Minuten einweichen. Abgießen und beiseitestellen.

2 Das Ghee in einem großen Schmortopf mit dicht schließendem Deckel bei mittlerer Hitze zerlassen. Gewürze und Lorbeerblätter zugeben und alles 30 Sekunden rühren. Den Reis zugeben und kurz mitrühren, bis die Reiskörner mit Ghee überzogen sind.

3 Wasser und Salz zugeben und zum Kochen bringen. Die Hitze auf niedrigste Stufe reduzieren und den Deckel auflegen. Den Reis 8–10 Minuten köcheln, bis er gar ist und die gesamte Flüssigkeit aufgesogen hat. Dabei nicht den Deckel öffnen.

4 Den Topf vom Herd nehmen. Den Koriander mit zwei Gabeln unter den Reis heben, diesen nochmals abschmecken und mit Salz und Pfeffer würzen. Den Deckel auflegen und den Reis 5 Minuten ziehen lassen, danach servieren.

TIPP

Für würzigen Safranreis, das Wasser zum Kochen bringen und 1 Teelöffel Safranfäden zugeben. Ziehen lassen, während der Reis quillt.

Vangi bhaat

AUBERGINEN-TOMATEN-REIS

Dieses in nur einem Topf gekochte Reisgericht aus Maharashtra ist eine hervorragende Beilage zu Currys. Es schmeckt aber auch alleine mit Joghurt und knusprigen Papadams. Variationen dieses Gerichts kann man überall im Süden Indiens finden, vor allem in den Bundesstaaten Andhra Pradesch und Karnataka.

FÜR 4 PERSONEN

VORBEREITUNGSZEIT: 25 Minuten, plus Einweichzeit

KOCHZEIT: 20–25 Minuten, plus Ziehzeit

- 300 g Basmatireis
- 4 EL Pflanzen- oder Erdnussöl
- 25 g Ghee
- 4 Schalotten, fein gehackt
- 2 Knoblauchzehen, fein gehackt
- 1 Zimtstange
- 4 grüne Kardamomkapseln
- 3 Gewürznelken
- 2 TL Kreuzkümmelsamen
- 1 Aubergine, geputzt und in 1 cm dicke Würfel geschnitten
- 4 reife Tomaten, gehäutet, entkernt und fein gehackt
- 2 TL Salz
- 1 TL Pfeffer
- 600 ml kochendes Wasser
- 6 EL frisch gehackter Koriander

1. Den Reis gründlich waschen. Dabei häufig das Wasser wechseln, bis es klar bleibt. Mit Wasser bedeckt 20 Minuten einweichen. Abgießen und beiseitestellen

2. Öl und Ghee in einem Schmortopf bei mittlerer Hitze zerlassen. Schalotten, Knoblauch, Zimtstange, Kardamomkapseln, Gewürznelken und Kreuzkümmelsamen 4–5 Minuten anbraten, bis sie weich sind und die Aromen sich entfalten.

3. Aubergine hinzugeben und 4–5 Minuten bei mittlerer Hitze anbraten. Die Tomaten und den Reis zugeben und gut vermengen. Salz und Pfeffer zugeben und das Wasser zugießen. Zum Kochen bringen, mit einem dicht schließenden Deckel abdecken und bei geringer Hitze 10–12 Minuten kochen. Vom Herd nehmen und, ohne den Deckel abzunehmen, 10 Minuten ziehen lassen

4. Zum Servieren den Reis mit einer Gabel auflockern und den gehackten Koriander unterrühren.

1

2

3

Thengai sadam

KOKOSREIS

Dank dem Überfluss an Kokospalmen in den südlichen Küstenregionen Indiens ist die Kokosnuss eine häufige Zutat in der südindischen Küche. Sie spielt aber auch eine wichtige Rolle bei religiösen Zeremonien in Indien und Südasien. Daher ist Kokosreis eine beliebte Beilage für festliche Anlässe.

FÜR 4–6 PERSONEN

225 g Basmatireis
450 ml Wasser
60 g Kokoscreme
2 EL Senföl
1½ TL Salz (oder nach Belieben)

VORBEREITUNGSZEIT: 5–10 Minuten, plus Einweichzeit

KOCHZEIT: 15–20 Minuten, plus Ruhezeit

1 Den Reis gründlich waschen. Dabei häufig das Wasser wechseln, bis es klar bleibt. Mit Wasser bedeckt 30 Minuten einweichen. Abgießen und beiseitestellen.

2 Das Wasser in einem kleinen Topf zum Kochen bringen, die Kokoscreme zugeben und so lange rühren, bis sie gut aufgelöst ist. Vom Herd nehmen und beiseitestellen.

3 Das Senföl in einem großen Schmortopf auf hoher Stufe erhitzen, bis es zu rauchen beginnt. Den Topf vom Herd nehmen und das Senföl vollständig abkühlen lassen.

4 Das Senföl auf mittlerer Stufe erneut erhitzen. Den Reis zugeben und kurz umrühren, bis alle Reiskörner mit Öl überzogen sind. Das Kokoswasser zugießen und zum Kochen bringen.

5 Die Hitze auf die niedrigste Stufe reduzieren, Salz unterrühren und den Deckel auflegen. Den Reis 8–10 Minuten köcheln lassen, ohne den Deckel zu öffnen, bis der Reis gar und die gesamte Flüssigkeit aufgesogen ist.

6 Den Topf vom Herd nehmen. Den Reis mit zwei Gabeln auflockern und gegebenenfalls nochmals abschmecken. Den Deckel auflegen und den Reis vor dem Servieren 5 Minuten ziehen lassen.

NET WT.
LEKH RAJ DHA
NAYA BAZ
Ph.: 27875015,
M.R.P. RS.
PKG. DT. 1 | 2012 BEST BEFORE WITH
BATCH NO.

RICE & GEN. MILLS
DELHI - 6
9811041136,
BATCH NO.
YEAR FROM THE DATE OF PACKING

Mirch-dhaniye ke naan

CHILI-KORIANDER-NAAN

Naan ist ein gesäuertes Fladenbrot, das mit den Persern nach Indien kam. In deren Sprache bedeutet es ‚Brot'.

Naan wird traditionellerweise hergestellt, indem man den ausgerollten Teig gegen die heiße Innenseite eines mit Holzkohle befeuerten Tandoor-Ofens schlägt. Man kann es aber auch unter einem sehr heißen Grill backen.

ERGIBT 8 STÜCK

VORBEREITUNGSZEIT: 20–25 Minuten, plus Ruhezeit

BACKZEIT: 30–35 Minuten

- 450 g Mehl
- 2 TL Zucker
- 1 TL Salz
- 1 TL Backpulver
- 1 Ei
- 250 ml Milch
- 2 EL Pflanzen- oder Erdnussöl, plus etwas mehr zum Bestreichen
- 2 frische rote Chilis, gehackt, nach Belieben entkernt
- 15 g frische Korianderblätter, gehackt
- 25 g Ghee oder Butter, zerlassen

1 Das Mehl mit dem Zucker, Salz und Backpulver in eine große Schüssel sieben. Das Ei zusammen mit der Milch aufschlagen und nach und nach zu der Mehlmischung geben. Zu einem Teig verrühren.

2 Den Teig auf die Arbeitsfläche geben, in der Mitte des Teigs eine Mulde formen und das Öl hineingeben. 3–4 Minuten kneten, bis man einen weichen, geschmeidigen Teig hat. Den Teig in Frischhaltefolie einwickeln und 1 Stunde ruhen lassen.

3 Den Teig in acht Stücke teilen. Jedes Teil zu einer Kugel formen und flach drücken, sodass es einen dicken Fladen ergibt. Mit Frischhaltefolie bedecken und 10–15 Minuten ruhen lassen.

4 Den Grill auf hoher Stufe vorheizen, eine Grillpfanne mit Alufolie auslegen und mit Öl bestreichen. Jeden Fladen zu einem 12,5 cm großen Kreis ausrollen und vorsichtig jeweils am unteren Ende ziehen. Vorsichtig weiter ausrollen, bis sie ca. 23 cm lang sind.

5 Chilis und Koriander vermengen und auf der Oberfläche der Naans verteilen. Leicht andrücken, sodass die Mischung nicht herunterfällt. Ein Naan auf die vorbereitete Grillpfanne geben und backen, bis es leicht aufgegangen und gebräunt ist. Umdrehen und die andere Seite grillen, bis sie leicht gebräunt ist. Herausnehmen und mit dem zerlassenen Ghee bestreichen. In ein Geschirrtuch wickeln, solange die restlichen Naan-Brote noch backen.

Chapattis

CHAPATTIS

In indischen Haushalten werden Chapattis jeden Tag aus einem Mehl namens Atta frisch zubereitet. Man kann es durch eine Mehlmischung aus zwei Dritteln Vollkornbrotmehl und einem Drittel Weißmehl ersetzen.

ERGIBT 16 STÜCK

400 g Chapatti-Mehl (Atta), plus etwas mehr zum Bestäuben

1 TL Salz

½ TL Zucker

2 EL Pflanzen- oder Erdnussöl

250 ml lauwarmes Wasser

VORBEREITUNGSZEIT: 20 Minuten, plus Ruhezeit

BACKZEIT: 25–30 Minuten

1 Das Chapatti-Mehl mit Salz und Zucker in einer großen Schüssel vermengen. Das Öl zugeben und mit den Fingern gut in die Mehlmischung einarbeiten. Nach und nach das Wasser zugeben, dabei mit einem Handrührgerät verarbeiten. Sobald sich ein Teig formt, alles auf eine Arbeitsfläche geben und 4–5 Minuten kneten, bis der Teig die gesamte Flüssigkeit aufgesogen hat. Den Teig in Frischhaltefolie einwickeln und 30 Minuten ruhen lassen.

2 Den Teig halbieren, dann jede Hälfte in acht Stücke schneiden. Jedes Teil zu einer Kugel rollen und zu einem runden Küchlein formen. Jedes Küchlein leicht mit Mehl bestäuben und zu einem 15 cm großen Kreis ausrollen. Die restlichen Küchlein bis zu Verarbeitung bedecken. Sie erzielen ein besseres Backergebnis wenn die Chapattis frisch ausgerollt sind. Deshalb einen nach dem anderen ausrollen und anschließend ausbacken.

3 Erhitzen Sie eine gusseiserne Grillpfanne oder eine große Schmorpfanne auf mittlerer bis hoher Stufe. Ein Chapatti in die Grillpfanne geben und 30 Sekunden ausbacken. Mit einem Pfannenwender wenden und backen, bis sich Blasen an der Oberfläche bilden. Erneut wenden. Die Ränder des Chapatti mit einem sauberen Tuch leicht hinunterdrücken, damit sie später schön aufgehen. Sie werden nicht jedes Mal aufgehen, aber das macht nichts. Weiterbacken, bis sich braune stellen an der Unterseite bilden. Aus der Grillpfanne nehmen, auf Küchenpapier legen und mit Alufolie bedecken, um sie warm zu halten. Wiederholen Sie den Vorgang, bis alle Chapattis fertig sind.

Poori

PURIS

Diese frittierten Brote gehen im heißen Öl ballonartig auf, deshalb lieben es Kinder zuzusehen, wenn sie zubereitet werden. Aber Vorsicht, immer auf Abstand achten. Puris passen zu den meisten indischen Gerichten.

ERGIBT 12 STÜCK

225 g Vollkornmehl, gesiebt, plus etwas mehr zum Bestäuben

½ Teelöffel Salz

30 g Ghee, zerlassen

100–150 ml kaltes Wasser

Pflanzen- oder Erdnussöl, zum Frittieren

VORBEREITUNGSZEIT: 20–25 Minuten, plus Ruhezeit

BACKZEIT: 20–25 Minuten

1 Mehl und Salz in eine Schüssel geben und mit dem Ghee beträufeln. Nach und nach so viel Wasser unterrühren, dass ein fester Teig entsteht. Den Teig auf eine leicht bemehlte Arbeitsfläche geben und 10 Minuten durchkneten, bis er glatt und geschmeidig ist. Den Teig zu einer Kugel formen, in eine saubere Schüssel geben, mit einem feuchten Geschirrtuch abdecken und 20 Minuten ruhen lassen.

2 Den Teig in zwölf gleiche Portionen teilen und diese zu Kugeln formen. Eine Teigkugel zwischen den Händen flach drücken, dann auf einer leicht bemehlten Arbeitsfläche zu einem Fladen von 13 cm Durchmesser ausrollen. Alle Teigkugeln so verarbeiten.

3 Genug Öl zum Frittieren in einem großen Topf oder einer Fritteuse auf 180 °C erhitzen (ein Brotwürfel bräunt darin in 30 Sekunden). Einen Fladen ins heiße Öl geben und 10 Sekunden frittieren, bis er sich aufbläht. Den Fladen mit einer Küchenzange wenden und etwas heißes Öl auf die Oberseite löffeln.

4 Den Fladen mit einer Küchenzange aus dem Öl nehmen; überschüssiges Öl in den Topf abtropfen lassen. Den Fladen kurz auf Küchenpapier abtropfen lassen und dann sofort servieren. Bei konstanter Temperatur so fortfahren, bis alle Puris frittiert sind.

1

2

3

Besan ki roti

PIKANTES KICHERERBSENFLADENBROT

Diese leckeren Fladenbrote bestehen zu gleichen Teilen aus Kichererbsenmehl und Vollkornmehl. Sie sind nahrhaft, reich an Eiweiß und sehr lecker, wenn sie warm mit Gemüse, Linsen oder Hähnchen-Curry serviert werden.

ERGIBT 8 STÜCK

VORBEREITUNGSZEIT: 20 Minuten, plus Ruhezeit

BACKZEIT: 25–30 Minuten

120 g Vollkornmehl

120 g Kichererbsenmehl, plus etwas mehr zum Bestäuben

2 TL Salz

2 EL fein gehackter, frischer Koriander

2 frische rote Chilis, fein gehackt

2 EL Kreuzkümmelsamen

1 TL Koriandersamen, zerstoßen

1 TL gemahlene Kurkuma

80 g Ghee oder Butter, zerlassen, plus etwas mehr zum Bestreichen

200 ml kaltes Wasser

1 Die Mehlsorten mit dem Salz in eine große Rührschüssel sieben. Die restlichen Zutaten, außer Wasser, zugeben. Gut vermengen und nach und nach das Wasser zugeben, um einen weichen, geschmeidigen Teig zu formen. Auf einer leicht bemehlten Arbeitsfläche 1–2 Minuten kneten, dann abgedeckt 10 Minuten ruhen lassen.

2 Die Mischung in acht Kugeln aufteilen und jede zu einem 12–15 cm großen Kreis ausrollen. Jeweils die Oberseite mit etwas zerlassenem Ghee bestreichen.

3 Eine beschichtete, gusseiserne Grillpfanne oder eine schwere Bratpfanne bei mittlerer Stufe erhitzen. Wenn sie heiß ist, die Teigfladen nacheinander 1–2 Minuten auf jeder Seite backen, dabei den Fladen mit einem Pfannenwender nach unten drücken. Aus der Pfanne nehmen, auf einen Teller geben und zum Warmhalten mit Alufolie abdecken, während die restlichen Fladenbrote gebacken werden. Mit etwas Ghee bestreichen und warm servieren.

TIPP

Für eine weniger scharfe Variante dieser Fladenbrote einfach die Chili weglassen.

Parathas

PARATHAS

Diese mehrfach gefalteten und in Fett gebackenen Brotfladen von blätterteigähnlicher Konsistenz werden bei besonderen Anlässen und religiösen Feiern gereicht. Als alltägliche Kost sind sie zu gehaltvoll – es sei denn, man macht sich um seine Figur überhaupt keine Sorgen!

ERGIBT 8 STÜCK

VORBEREITUNGSZEIT: 30 Minuten, plus Ruhezeit

BACKZEIT: 25–30 Minuten

225 g Vollkornmehl, gesiebt, plus etwas mehr zum Bestäuben

½ TL Salz

150–200 ml kaltes Wasser

150 g Ghee oder Butter, zerlassen

1 Mehl und Salz in einer großen Schüssel mischen und eine Mulde in die Mitte drücken. Nach und nach so viel Wasser unterrühren und kneten, dass ein fester Teig entsteht. Den Teig auf eine leicht bemehlte Arbeitsfläche geben und 10 Minuten durchkneten, bis er glatt und geschmeidig ist. Den Teig zu einer Kugel formen, in eine saubere Schüssel geben, mit einem feuchten Geschirrtuch abdecken und 20 Minuten ruhen lassen.

2 Den Teig in acht gleiche Portionen teilen und diese mit leicht bemehlten Händen zu Kugeln formen. Eine Teigkugel auf einer leicht bemehlten Arbeitsfläche zu einem sehr dünnen Fladen von ca. 13 cm Durchmesser ausrollen. Die Oberseite des Teigfladens mit 1½ Teelöffeln zerlassenem Ghee bestreichen. Den Teigfladen in der Mitte falten und den Halbkreis wiederum mit zerlassenem Ghee bestreichen, dann nochmals falten, sodass ein Dreieck entsteht. Die Lagen fest aufeinanderdrücken.

3 Das Dreieck auf einer leicht bemehlten Arbeitsfläche zu einem größeren Dreieck von ca. 18 cm Kantenlänge ausrollen. Das Teigdreieck ein paar Mal zwischen den Händen hin- und herwerfen, dann mit einem feuchten Tuch abdecken und so fortfahren, bis alle acht Teigdreiecke ausgerollt sind.

4 Eine große Tawa, Brat- oder Crêpepfanne ohne Fett so stark erhitzen, dass ein Wassertropfen darin nicht sofort verdampft, sondern umhergleitet. Einen dreieckigen Paratha-Fladen in die Pfanne geben und so lange backen, bis er an der Oberseite Blasen wirft. Den Paratha-Fladen mit der Küchenzange wenden und die Oberseite mit zerlassenem Ghee bestreichen. Den Fladen so lange backen, bis die Unterseite goldbraun ist, dann wenden und nochmals mit zerlassenem Ghee bestreichen. Den Fladen mit einem Holzlöffel oder Pfannenwender auf den Pfannenboden drücken, damit er gleichmäßig bräunt.

5 Nochmals mit Ghee bestreichen und servieren, dann die übrigen Parathas backen. Parathas werden am besten direkt aus der Pfanne serviert, können aber in Alufolie bis zu 20 Minuten warm gehalten werden.

Aloo gobhi parathas

PARATHAS MIT KARTOFFELN UND BLUMENKOHL

Diese leckeren Fladenbrote werden mit einer würzigen Kartoffel-Blumenkohl-Mischung gefüllt. Sie schmecken sehr gut mit Joghurt, einem Raita oder eingelegtem Gemüse. Man kann sie aber auch als Beilage zu jedem Hauptgericht servieren.

ERGIBT 8 STÜCK

VORBEREITUNGSZEIT:
30 Minuten, plus Ruhezeit

GAR- UND BACKZEIT:
35–40 Minuten

- 225 g Vollkornmehl
- 100 g Weißmehl, plus etwas mehr zum Bestäuben
- 1 TL frisch gemahlene Kardamomsamen
- 2 TL Salz
- 250 ml warme Buttermilch
- 150 g Ghee oder Butter, zerlassen

FÜLLUNG

- 2 EL Pflanzen- oder Erdnussöl
- 2 TL Kreuzkümmelsamen
- 1 EL scharfes Currypulver
- 4 Knoblauchzehen, zerdrückt
- 2 TL frisch geriebene Ingwerwurzel
- 150 g Blumenkohlröschen, sehr fein gehackt
- 2 TL Salz
- 2 Kartoffeln, gekocht, geschält, grob zerstampft
- 6 EL fein gehackter, frischer Koriander

1 Zuerst die Füllung zubereiten. Das Öl in einem großen Pfanne auf mittlerer Stufe erhitzen. Kreuzkümmelsamen, Currypulver, Knoblauch, Ingwer und Blumenkohl zugeben und 8–10 Minuten braten, bis der Blumenkohl gar ist. Das Salz und die Kartoffeln zugeben und gut vermengen. Vom Herd nehmen und den Koriander unterrühren. Abkühlen lassen.

2 Die Mehlsorten zusammen mit den Kardamomsamen und dem Salz in eine große Schüssel geben. Eine Mulde in die Mitte drücken, die Buttermilch zusammen mit 2 Esslöffeln Ghee hineingeben und in das Mehl einarbeiten, sodass ein weicher Teig entsteht. Auf einer leicht bemehlten Arbeitsfläche 10 Minuten kneten und zu einer Kugel formen. Den Teig in eine große Schüssel geben und mit einem feuchten Tuch zugedeckt 20 Minuten ruhen lassen. Den Teig in acht gleich große Kugeln zerteilen, dann in 15 cm große Kreise ausrollen.

3 Ein wenig von der Füllung jeweils in die Mitte jedes Teigkreises geben und die Enden in der Mitte zusammenfalten, um die Füllung einzuschließen. Leicht andrücken und mit einem mit Mehl bestäubten Nudelholz 15 cm große Parathas ausrollen. Mit dem restlichen Teig und der Füllung wiederholen.

4 Eine beschichtete, flache, gusseiserne Grillpfanne oder Bratpfanne bei mittlerer Stufe erhitzen. Jedes Paratha mit etwas Ghee bestreichen. Die Parathas einzeln in die Grillpfanne geben und 1–2 Minuten backen, dabei mit einem Pfannenwender nach unten drücken. Wenden, mit etwas mehr Ghee bestreichen und weitere 1–2 Minuten backen, bis sie gebräunte Stellen bekommen. Aus der Pfanne nehmen, auf einen Teller geben und zum Warmhalten mit Alufolie bedecken, während die restlichen Parathas gebacken werden. Warm servieren.

1

2

3

TEA COFFEE
MASALA TEA
SOFT DRINKS

EXPORT QUALITY
DARJEELING
TEA
BEST ASSAM
C.T.C.
TEA

ecommended by book : POPULAR MAKHANIA LASSI
SAFFRON LASSI
ANANA LASSI, PAPAYA LASSI, PINEAPPLE LASSI, MANGO LASSI
FRESH JUICE

KAPITEL 6

DESSERTS & GETRÄNKE

Aam ki kulfi

MANGO-KULFI

Kulfi ist ein kaltes Dessert, das mit Milch, Früchten und Nüssen zubereitet wird. In diesem Fall wurden Mangos und Pistazien verwendet. Traditionell wird es hergestellt, indem man Milch so lange reduziert, bis sie die Konsistenz von Kondensmilch bekommt. Dieses Rezept ist weniger aufwendig und verwendet Kondensmilch und Sahne.

FÜR 6 PERSONEN

VORBEREITUNGSZEIT:
5–10 Minuten, plus Abkühl- und Einfrierzeit

KOCHZEIT:
10–15 Minuten

- 375 ml Kondensmilch
- 300 g Sahne
- 25 g gemahlene Mandeln
- 110–140 g Zucker, nach Belieben
- 450 g Mangopüree
- 1 TL frisch gemahlene Kardamomsamen
- 25 g geschälte ungesalzene Pistazien, zum Garnieren

1. Die Kondensmilch mit der Sahne in einen Schmortopf geben und gut verrühren. Auf dem Herd bei mittlerer Hitze erwärmen. Mandeln und Zucker vermengen, dann zur Kondensmilchmischung geben. Unter Rühren 6–8 Minuten kochen, bis die Mischung leicht andickt.

2. Vom Herd nehmen und vollständig abkühlen lassen, dabei gelegentlich umrühren, um zu verhindern, dass sich eine Haut bildet. Wenn die Mischung komplett abgekühlt ist, Mangopüree und Kardamom zugeben und umrühren.

3. Inzwischen einen kleinen Topf auf mittlerer Stufe vorheizen, dann die Pistazien zugeben und 2–3 Minuten rösten. Abkühlen lassen, dann leicht zerdrücken. Bis zum Servieren in einen luftdichten Behälter geben.

4. Sechs Kulfi-Formen mit der Mango-Mischung füllen und 5–6 Stunden einfrieren. Vor dem Servieren 40 Minuten in den Kühlschrank stellen. Auf Servierteller stürzen, mit den Pistazien als Garnierung bestreuen und anschließend servieren.

TIPP

Falls Sie keine kegelförmigen Kulfi-Formen haben, können Sie Formen für Wackelpudding, Eis am Stiel oder Auflauf verwenden.

Gajar ka halwa

WEICHES KAROTTEN-TOFFEE

Dieses Dessert wird mit geriebenen Karotten hergestellt, die mit Milch gekocht werden. Rosinen, Nüsse, Kardamom, Muskat und Rosenwasser schaffen eine aufregende Mischung von Geschmack und Konsistenz.

FÜR 4–6 PERSONEN

VORBEREITUNGSZEIT: 15 Minuten, plus Abkühlzeit

KOCHZEIT: 20–25 Minuten

- 50 g Ghee oder Butter
- 2,5-cm-Stück einer Zimtstange, halbiert
- 25 g Mandelblättchen
- 25 g Cashewkerne
- 25 g Rosinen
- 450 g geriebene Karotten
- 600 ml Vollmilch (3,5 %)
- 125 g Feinstzucker
- ½ TL frisch gemahlene Kardamomsamen
- ½ TL frisch geriebene Muskatnuss
- 50 g Sahne
- 2 EL Rosenwasser
- Vanilleeis oder Schlagsahne, zum Servieren

1 Das Ghee in einem Schmortopf langsam zerlassen. Die Zimtstange hineingeben und 25–30 Sekunden dünsten. Die Mandelblättchen zusammen mit den Cashewkernen hineingeben und unter Rühren dünsten, bis sie leicht gebräunt sind. 1 Teelöffel der Nussmischung entnehmen und beiseitestellen.

2 Rosinen, Karotten, Milch und Zucker in den Topf geben, die Hitze auf mittlere Stufe erhöhen und die Milch bis zum Siedepunkt erhitzen. Bei geringer bis mittlerer Hitze 15–20 Minuten weiterkochen, bis die Milch eingekocht ist. Dabei häufig rühren und die angedickte Milch, die am Topfrand klebt, zurück in den Topf schieben. Lassen Sie die Milch am Topfrand nicht braun werden oder anbrennen, da dies dem Dessert einen unangenehmen Geschmack verleiht.

3 Kardamom, Muskat, Sahne und Rosenwasser unterrühren. Vom Herd nehmen und etwas abkühlen lassen. Dann sofort mit einer Kugel Eis oder einem Schlag Sahne servieren. Die restlichen Nüsse als Garnierung darüberstreuen.

Firni

INDISCHES REISDESSERT

Dies ist ein sehr beliebtes Dessert im Norden Indiens. Gemahlener Reis in angedickter Milch, Aprikosen, Rosinen, Mandeln und Pistazien werden mit den exotischen Aromen von Rosenwasser und Kardamom kombiniert.

FÜR 4 PERSONEN

VORBEREITUNGSZEIT: 10–15 Minuten, plus Abkühlzeit

KOCHZEIT: 20–25 Minuten

1 große Prise Safranfäden, zerstoßen
2 EL heiße Milch
40 g Ghee oder Butter
50 g gemahlener Reis
25 g Mandelblättchen
25 g Rosinen
600 ml Vollmilch (3,5 %)
450 ml Kondensmilch
50 g Feinstzucker
12 verzehrfertige getrocknete Aprikosen
1 TL frisch gemahlene Kardamomsamen
½ TL frisch gemahlene Muskatnuss
2 EL Rosenwasser

ZUM GARNIEREN

25 g Walnussstücke
15 g geschälte ungesalzene Pistazien

1 Den Safran zur heißen Milch geben und bis zur Verwendung darin ziehen lassen. 2 Teelöffel Ghee beiseitestellen und den Rest Ghee in einem Schmortopf langsam zerlassen. Reis, Mandelblättchen und Rosinen zugeben und 2 Minuten unter Rühren kochen. Die Milch zugießen und bei mittlerer Hitze unter Rühren erhitzen, bis sie beginnt, kleine Bläschen zu werfen. Die Hitze reduzieren und auf niedriger Stufe 10–12 Minuten köcheln lassen. Dabei häufig umrühren, um zu verhindern, dass die Mischung am Topfboden kleben bleibt.

2 Ein paar Aprikosen zum Garnieren beiseitestellen. Kondensmilch, Zucker und restliche Aprikosen in einen Topf geben. Unter Rühren kochen, bis die Mischung andickt und die Konsistenz von Vanillesauce bekommt.

3 Die Safran-Milch-Mischung sowie Kardamom, Muskat und Rosenwasser zufügen, gut unterrühren und vom Herd nehmen. Vollständig abkühlen lassen, abdecken und im Kühlschrank mindestens 2 Stunden kalt stellen.

4 Das restliche Ghee in einem kleinen Topf bei geringer Hitze zerlassen. Walnussstücke unter Rühren dünsten, bis sie leicht braun werden. Aus der Pfanne nehmen und auf Küchenpapier abtropfen. Mit den Pistazien ebenso verfahren. Nachdem die Pistazien abgekühlt sind, grob zerstoßen.

5 Das Dessert mit den gerösteten Nüssen und den restlichen Aprikosen garniert servieren.

1

3

4

Dudh pak

CREMIGER MANDEL-PISTAZIEN-REIS-PUDDING

Es gibt viele verschiedene Varianten dieses cremigen Milchreisdesserts, das ursprünglich aus Gujarat stammt. Diese Variante duftet nach Kardamom und wird mit Pistazien und Mandeln verfeinert. Es erfordert ständiges Umrühren, aber es ist den Aufwand wert.

FÜR 4 PERSONEN

VORBEREITUNGSZEIT: 5 Minuten, plus Ruhezeit

KOCHZEIT: 25–30 Minuten, plus Ziehzeit

- 2 l Vollmilch (3,5 %)
- 80 g Basmatireis
- 100 g Rohrohrzucker
- 1 TL frisch gemahlene Kardamomsamen
- 6 EL fein gehackte Pistazien
- 6 EL fein gehackte, blanchierte Mandeln

1. Die Milch in einen Schmortopf gießen und zum Kochen bringen.
2. Den Reis zufügen und bei mittlerer Hitze unter ständigem Rühren 18–20 Minuten kochen, bis der Reis gar ist.
3. Den Zucker zugeben, umrühren und weitere 3–4 Minuten kochen.
4. Vom Herd nehmen und den Kardamom mit den Nüssen unterrühren. Abdecken und vor dem Servieren 20 Minuten ziehen lassen.

TIPP

Dieses Dessert wird normalerweise warm gegessen, aber es ist mindestens genauso lecker, wenn es gekühlt serviert wird.

Malai khumani

NUSSDESSERT MIT GETROCKNETEN FRÜCHTEN

Dieses cremige Dessert stammt aus dem Fürstenstaat Hyderabad im Süden Indiens. Die Garnierung aus essbarem Blattgold oder -silber (varak) ist kein Muss, aber sie verwandelt dieses einfache Dessert in etwas Besonderes, sodass man es auch auf Hochzeiten, Geburtstagen oder religiösen Festen servieren kann.

FÜR 4 PERSONEN

VORBEREITUNGSZEIT:
20 Minuten, plus Einweich- und Kühlzeit

KOCHZEIT:
keine

- 200 g verzehrfertige getrocknete Aprikosen
- 100 g Sultaninen
- 100 ml Orangensaft
- 300 g Sahne
- 4 EL Rohrohrzucker
- 1 TL Rosenwasser
- 4 EL fein gehackte Pistazien
- 4 EL fein gehackte Walnüsse
- 4 EL fein gehackte Haselnüsse
- essbares Blattgold oder -silber, zum Garnieren (nach Belieben)

1. Die Aprikosen grob hacken und mit den Sultaninen und dem Orangensaft in eine Schüssel geben. Abdecken und 20 Minuten einweichen.

2. In einer separaten Schüssel die Sahne mit dem Zucker und dem Rosenwasser aufschlagen, bis die Sahne weiche Spitzen erhält. Vorsichtig die gehackten Nüsse unterziehen.

3. Die Aprikosenmischung auf vier Dessertgläser verteilen. Die Crememischung mit einem Löffel darübergeben und 3–4 Stunden im Kühlschrank kalt stellen.

4. Jedes Dessert nach Belieben mit essbaren Silber- oder Goldblättchen garnieren und sofort servieren.

TIPP

Um das Blattgold zu verarbeiten, legen Sie es mit der glänzenden Seite nach unten auf das Dessert. Mit einem Pinsel auf die Papierseite tupfen. Das Gold wird so auf das Dessert übertragen.

Kheer

REISPUDDING MIT KARDAMOM UND PISTAZIEN

Dieses Dessert aus Nordindien kann ganz nach Vorliebe entweder dickflüssig oder sehr dünn zubereitet werden, sodass der Reis in der Milch schwimmt. Probieren Sie diese zart gewürzte Version mit frischen Früchten.

FÜR 4–6 PERSONEN

80 g Basmatireis
1,2 l Milch
Samen aus 4 grünen Kardamomkapseln
1 Zimtstange
100 g Zucker (nach Belieben)

ZUM SERVIEREN

geriebener Palmzucker
oder brauner Rohrzucker
geröstete Pistazien, gehackt

VORBEREITUNGSZEIT:
5 Minuten, plus Einweich- und Abkühlzeit

KOCHZEIT:
1¼–1½ Stunden

1 Den Basmatireis unter fließend kaltem Wasser waschen, bis das Wasser klar bleibt. Den Reis mit Wasser bedecken und 30 Minuten einweichen. Abgießen und beiseitestellen.

2 Einen Topf mit kaltem Wasser ausspülen und nicht abtrocknen. Die Milch in den Topf gießen, Kardamomsamen und Zimtstange zugeben, dann Reis und Zucker unterrühren.

3 Die Milch bei mittlerer Hitze unter Rühren langsam zum Kochen bringen. Die Hitze auf die niedrigste Stufe reduzieren und die Milch-Reis-Mischung unter häufigem Rühren ca. 1 Stunde köcheln lassen, bis der Reis sehr weich und die Milch eingedickt ist. Wenn der Reis gar ist, können Sie nach Belieben noch etwas Milch unterrühren, um den Reispudding dünnflüssiger zu machen, oder das Ganze noch etwas länger köcheln, wenn Sie es dickflüssiger wünschen.

4 Den Reispudding in Portionsschälchen geben, mit Rohrzucker bestreuen und sofort warm servieren oder in eine Schüssel umfüllen und unter häufigem Rühren vollständig abkühlen lassen. Dann abdecken und bis zum Servieren kalt stellen. Den Reispudding zum Servieren in Schälchen geben und nach Belieben mit Rohrzucker und Pistazien bestreuen.

Shrikhand anaari

SAFRANJOGHURT MIT GRANATAPFEL

Mit dieser westindischen Zubereitung lässt sich ganz normaler Joghurt in eine sinnliche Dessertcreme verwandeln. In Maharashtra wird Shrikhand traditionell mit heißen Puris direkt aus der Pfanne serviert.

FÜR 4 PERSONEN

VORBEREITUNGSZEIT: 10–15 Minuten, plus Abtropfen & Abkühlen

KOCHZEIT: 5 Minuten, plus Ziehzeit

1 kg Naturjoghurt
¼ TL Safranfäden
2 EL Milch
60 g Zucker (oder nach Belieben)
Samen aus 2 grünen Kardamomkapseln
2 Granatäpfel

1. Ein Sieb auf eine Schüssel setzen und mit einem Stück Musselin auslegen, das über den Rand hängt. Den Joghurt in den Musselin geben, die Ecken fest verknoten und den Musselinbeutel ca. 4 Stunden an einen Wasserhahn über das Spülbecken hängen, bis alle überschüssige Flüssigkeit abgetropft ist.

2. Die Safranfäden in einem Topf ohne Fett auf hoher Stufe unter Rühren anrösten, bis sie ihren Duft entfalten.

3. Die Milch in den Topf geben und erwärmen, dann vom Herd nehmen und eine Weile ziehen lassen.

4. Den cremig eingedickten Joghurt in eine Schüssel geben, Zucker, Kardamomsamen und Safranmilch zugeben und mit dem Joghurt glatt rühren. Nach Belieben noch etwas Zucker zugeben. Abdecken und mindestens 1 Stunde kalt stellen.

5. Inzwischen die Granatäpfel in der Mitte durchschneiden und die Kerne mit einem kleinen Teelöffel oder den Fingern herauslösen.

6. Die Joghurtcreme auf Schälchen oder -teller verteilen und mit den Granatapfelkernen anrichten.

TIPP

Als Dessert zum Familienessen können Sie Safran und Kardamom weglassen und den eingedickten Joghurt nach Belieben mit gemahlenem Ingwer und Zimt aromatisieren.

Lice
REFRIGERATE

WATER TROLLY

Mishti doi

BENGALISCHER KARAMELLJOGHURT

Traditionell wird dieses süße Joghurtdessert in Tonschalen angerichtet. Ohne dieses Dessert wäre jede bengalische Mahlzeit unvollständig. Man kann, falls gewünscht, eine kleine Prise Safranfäden dazugeben, um die Milchmischung zu aromatisieren.

FÜR 4 PERSONEN

400 g Kondensmilch
200 g gezuckerte Kondensmilch
2 EL Feinstzucker
100 g Naturjoghurt, aufgeschlagen

VORBEREITUNGSZEIT: 5 Minuten, plus Kühlzeit

KOCHZEIT: 20 Minuten, plus Ziehzeit

1 Die ungezuckerte Kondensmilch mit der gezuckerten in einen Topf geben und bei mittlerer Hitze zum Kochen bringen. Die Hitze auf die niedrigste Stufe reduzieren, umrühren und 10 Minuten köcheln lassen. Anschließend vom Herd nehmen.

2 Inzwischen in einem separaten, kleinen Topf den Zucker auf niedriger Stufe erhitzen, bis er schmilzt, goldbraun wird und zu karamellisieren beginnt. Anschließend vom Herd nehmen.

3 Den karamellisierten Zucker zur Milchmischung geben und gut verrühren. Wenn die Milchmischung gerade noch warm ist, den Joghurt unterrühren und gut vermengen.

4 Die Mischung in vier kleine Servierschalen geben, mit Frischhaltefolie bedecken und an einem warmen Ort 8–10 Stunden oder über Nacht stehen lassen, bis sie eine festere Konsistenz erhält. Vor dem Servieren 4–6 Stunden im Kühlschrank kalt stellen.

TIPP

Nach Belieben 1 Teelöffel gemahlene Kardamomsamen zur Milchmischung geben.

1

3

4

1

2

3

Bebinca

GESCHICHTETER KOKOSNUSSKUCHEN NACH GOA-ART

Dieses reichhaltige Dessert hat seinen Ursprung bei den Portugiesen, die vom 16. Jahrhundert bis zum Jahr 1961 über Goa herrschten. Es ist ein dichter, feuchter Kuchen, der traditionellerweise Schicht für Schicht über heißen Kohlen gebacken wird. Es kostet viel Zeit, ihn zu backen, aber das Ergebnis ist den Aufwand allemal wert.

FÜR 8–10 PERSONEN

VORBEREITUNGSZEIT:
15 Minuten, plus Kühlzeit

GAR- UND BACKZEIT:
1¾–2 Stunden

- 400 ml Kokosmilch
- 300 g Rohrohrzucker
- 10 Eigelb, leicht verqirlt
- 200 g Mehl
- ½ TL frisch geriebene Muskatnuss
- 1 TL frisch gemahlene Kardamomsamen
- 1 Prise gemahlene Gewürznelken
- ¼ TL gemahlener Zimt
- 100 g Butter, plus etwas mehr zum Einfetten

1. Den Ofen auf 200 °C vorheizen. Eine beschichtete, runde Kuchenform mit einem Durchmesser von 17 cm leicht einfetten und mit Backpapier auslegen.

2. Die Kokosmilch in einen Topf geben und den Zucker unterrühren. 8–10 Minuten schonend erhitzen und rühren, bis der Zucker aufgelöst ist. Vom Herd nehmen und nach und nach das Eigelb zugeben, dabei ständig mit dem Schneebesen rühren, damit das Ei nicht stockt und die Mischung keine Klümpchen bildet. Das Mehl mit den Gewürzen in die Mischung sieben und verrühren, sodass man einen glatten Teig erhält.

3. Die Butter zerlassen, 1 Esslöffel davon auf die vorbereitete Kuchenform geben und auf dem Boden verteilen. Ein Achtel des Teigs in die Form geben und den Boden gleichmäßig damit bedecken. 10–12 Minuten im vorgeheizten Ofen backen, bis die Schicht fest ist.

4. Aus dem Ofen nehmen und einen weiteren Esslöffel der zerlassenen Butter darüberstreichen, danach ein weiteres Achtel des Teiges darauf verteilen. Wieder in den Ofen schieben und 10–12 Minuten backen, bis die Schicht fest ist.

5. Diesen Vorgang wiederholen, bis Teig und Butter vollständig aufgebraucht sind. Den Kuchen weitere 20–25 Minuten backen, bis die oberste Schicht goldbraun und der Kuchen fest ist. Aus dem Ofen nehmen und in der Form abkühlen lassen.

6. Wenn der Kuchen kalt ist, aus der Form nehmen, mit Frischhaltefolie abdecken und vor dem Servieren 4–6 Stunden kalt stellen.

Masala chai

MASALA-TEE

Für eine Tasse Tee oder Chai hat man in Indien immer Zeit. Viele Straßenhändler verkaufen an jeder Ecke und auf Bahnsteigen frisch zubereiteten Tee. Diese milchige Version wird in ganz Indien getrunken.

ERGIBT 4 TASSEN

- 1 l Wasser
- 2,5-cm-Stück frische Ingwerwurzel, grob gehackt
- 1 Zimtstange
- 3 grüne Kardamomkapseln, grob zerstoßen
- 3 Gewürznelken
- 1½ EL Assam-Teeblätter
- Zucker und Milch, nach Belieben

VORBEREITUNGSZEIT: 5 Minuten

KOCHZEIT: 15 Minuten, plus Ziehzeit

1 Das Wasser in einen schweren Topf geben, Ingwer, Zimtstange, Kardamomkapseln und Gewürznelken zugeben und alles bei mittlerer bis hoher Hitze zum Kochen bringen. Die Hitze reduzieren und das Wasser mit den Gewürzen 10 Minuten köcheln.

2 Die Teeblätter in eine Teekanne geben und mit dem Gewürzwasser übergießen. Umrühren und 5 Minuten ziehen lassen.

3 Den Tee durch ein Sieb in Teetassen gießen. Nach Belieben Zucker und Milch zufügen.

TIPP

Für Masala-Eistee: Den Tee nach Schritt 2 vollständig abkühlen lassen, durch ein Sieb in eine Saftkanne gießen und gut kühlen. Nach Belieben mit Zucker süßen und mit Zitronenspalten reichen.

Namkeen lassi

SALZ-LASSI

„Salziges oder süßes Lassi?“ Diese Frage muss man stets beantworten. Das gekühlte Joghurtgetränk ist allgemein beliebt und wird überall serviert – im vornehmsten Hotel ebenso wie an der bescheidensten Imbissbude.

ERGIBT 4–6 GLÄSER

VORBEREITUNGSZEIT: 5 Minuten

KOCHZEIT: keine

- 700 g Naturjoghurt
- ½ TL Salz
- ¼ TL Zucker
- 250 ml kaltes Wasser
- Eiswürfel, zum Servieren
- gemahlener Kreuzkümmel und frische Minzezweige, zum Servieren

1. Joghurt, Salz und Zucker in einer Schüssel gut verrühren, dann das Wasser zugeben und alles gut verquirlen, bis die Mischung schäumt.

2. Eiswürfel in vier oder sechs Gläser geben und das Joghurtgetränk darübergießen. Mit etwas Kreuzkümmel bestreuen und mit Minze garniert servieren.

TIPP

Für süßes Lassi: 4 Esslöffel Zucker zugeben und das Salz weglassen. Mit Kreuzkümmel und gerösteten, fein gehackten Pistazien bestreuen.

Falooda

ROSEN-GLASNUDEL-MILCHSHAKE

Falooda ist nicht nur in Mumbai sehr beliebt, sondern auch im Rest des Landes. Dieses gekühlte Dessert ist perfekt gegen Sommerhitze. Tukmaria oder Basilikumsamen, wie sie in diesem Rezept verwendet werden, haben einen sehr milden Eigengeschmack (wie Mohnsamen) und werden häufig in leichten Desserts verwendet.

FÜR 4 PERSONEN

VORBEREITUNGSZEIT: 20 Minuten, plus Einweichzeit

KOCHZEIT: 5–10 Minuten

2 TL essbare Basilikumsamen (Tukmaria)
200 ml kaltes Wasser
10 g sehr feine Reisglasnudeln
125 ml Rosensirup
1 l gekühlte Milch
4 Kugeln Vanilleeis

1. Alle Basilikumsamen in eine Schüssel geben und mit dem Wasser übergießen. 15 Minuten quellen lassen, bis sie eingeweicht sind. Abgießen und beiseitestellen.

2. Inzwischen die Glasnudeln in kleine Stücke brechen und nach den Angaben auf der Packung kochen. Abgießen und unter kaltem Wasser abschrecken.

3. Um die Drinks zusammenzufügen, zuerst den Rosensirup in die vier Gläser geben. Anschließend die eingeweichten Basilikumsamen und die abgetropften Glasnudeln darauf verteilen.

4. Die gekühlte Milch zugießen und auf jedes Glas eine Kugel Eis geben. Sofort servieren.

TIPP

Für ein Mango-Falooda den Rosensirup durch Mangopüree ersetzen.

Register

Rezeptverzeichnis